青海民族大学民族学博士点建設文庫

紛争と調停の人類学
――青海チベット牧民の事例から――

旦却加
（デン チョクジャプ）

はる書房

本書は、2018年度滋賀県立大学大学院人間文化学研究科地域文化学専攻に提出された博士論文「アムドチベット遊牧社会における地域紛争に関する研究」を基に、「青海民族大学民族学博士点建設文庫」の助成を得て刊行された。

紛争と調停の人類学
目　次

第1章　序　論　7

1　本書の考察対象と構成 …………………………………………… 8
2　地理・自然環境 …………………………………………………… 12
3　研究対象地域であるアムドの歴史 …………………………… 15
4　調査期間と研究方法 …………………………………………… 18

第2章　現代チベットの地域紛争に関する研究史と主要な論点　23

1　アムドチベット人の好戦性と男らしさについての研究 …………24
2　アムドチベット族地域における紛争の解決や慣習法に関する研究 …27
3　小　括 ……………………………………………………………… 31

第3章　調査対象地域の現代史と社会構造　33

1　ロンウ村の概要 ………………………………………………… 34
2　ロンウ村の現代史 ……………………………………………… 42
　2.1　民主改革と地域の蜂起　42
　2.2　文化大革命時代　48
　2.3　改革・開放と生産責任制の導入　51
3　ロンウ村の社会構造 …………………………………………… 54
　3.1　生　業　54
　3.2　学校教育　59
　3.3　宗教的活動　63
　3.4　婚姻と家庭関係　70

4　小　括 ………………………………………………………………………… 74

第4章　放牧地の境界線をめぐる紛争とその解決　77

　　1　繰り返される敵対関係 ………………………………………………… 78
　　2　紛争のプロセス ………………………………………………………… 82
　　　　2.1　紛争のきっかけ　83
　　　　2.2　紛争の経過　87
　　　　2.3　結果と影響　93
　　3　調　停 …………………………………………………………………… 96
　　　　3.1　スパ（調停者）によるジョタクパ（停戦）　98
　　　　3.2　スパ（調停者）によるスシェパ（調停議論）　100
　　4　合意されたスユ（調停書）の公開 …………………………………… 103
　　5　小　括 …………………………………………………………………… 108

第5章　夏の営地をめぐる問題とその解決　113

　　1　問題の発生とそのプロセス …………………………………………… 115
　　　　1.1　暴力事件の再発とその経過　121
　　　　1.2　結果と影響　126
　　2　調　停 …………………………………………………………………… 128
　　3　小　括 …………………………………………………………………… 133

第6章　考　察──現代チベット社会における地域紛争の背景とその解決　137

　　1　アムドチベット遊牧社会における「好戦性」と「男らしさ」…… 138

2　行政の介入による混乱 …………………………………… 144
　　3　現代刑法と慣習法の矛盾 …………………………………… 146
　　4　調停者の機能 ………………………………………………… 150

第7章　結　論　153

Glossary ……………………………………………………………… 159
引用・参考文献 …………………………………………………… 161
あとがき …………………………………………………………… 167
資料編 ……………………………………………………………… 169
索　引 ……………………………………………………………… 210

第1章 序論

第1章◆序　論

1　本書の考察対象と構成

　本書は現代アムド（a mdo）チベット族の地域紛争に関する研究をまとめたものであり、対象とするのは中国青海省（地図1参照）の黄南チベット族自治州沢庫県（写真1）を中心とした地域である（地図2・地図3 [p. 12] 参照）。

　青海省地域（地図2）はチベット族の伝統的な区分ではアムド[1]の一部であり、三江源（長江、黄河、メコン川）地域として、内陸アジアの自然地理上では非常に重要な位置を占めている。

　チベット族は青海省の先住民であるが、13世紀以来、民族移動が盛んになり、モンゴル族、回族、サラール族、ユグル族、カザフ族などが青海省に移住した。現在も青海省はチベット族を主として、漢族、回族、サラール族、土族、モンゴル族などの民族居住区となっている。

地図1　中国の行政区分と青海省の位置（http://www.allchinainfo.com/profile/city/china_whitemap.html ネットの地図を基にして筆者作成）

8

写真1　沢庫県

地図2　青海省内の行政区分（http://ditu.bajiu.cn/?id=25 ネットの地図を基にして筆者作成）

第1章◆序　論

　現代の青海省チベット族居住地域は、6つの蔵族自治州即ち海南、黄南、海北、果洛、玉樹、海西と、1つの地区である海東に区画されている。チベット族の居住面積は青海省総面積の97.2％を占める [王 2013: 3]。

　中華人民共和国成立後も、これら広い地域においてチベット族は集落共同体間で家畜や牧草地、冬虫夏草採集地、灌漑用水をめぐって様々な地域紛争を引き起こし、常に死傷者を出してきた。青海省のデータによると、「1990年から2000年までに679件の地域紛争が起き、そのうち武装事件が20％を占めており、死者135人、負傷者1131人を出した」[楊多才旦 2001: 96]。黄南チベット族自治州でも、1980年代から牧草地をめぐる地域紛争が一層深刻になっているとされる。境界線が問題となっているところは21カ所あり、そのうち省間は7カ所、州間は7カ所、県間は7カ所とされる。これらの境界線をめぐる問題では、常に大規模な銃撃戦が発生し、社会の安定に重大な影響を与えてきた。1990年代にあった21カ所の境界線をめぐる紛争のうち、すでに解決されたのは9カ所で、まだ解決されていない場所は12カ所ある [黄南州地方誌編纂委員会 1999: 899]。

　本書では主として1990年代に青海省黄南チベット族自治州沢庫県ロンウ（rong bo）村に起こった地域紛争を取り上げ、同地における中華人民共和国成立後の社会と歴史を分析し、その背景をたどる。また、ロンウ村に起こった地域紛争の具体的なプロセス、解決等の段階における暴力と規範の関係性を分析する。さらに、地域紛争はその社会の価値観や慣習とどのように関わっているのか、慣習法と刑法の矛盾、地方政府と地域住民の関係などについても考察する。

　ロンウ村は、黄南チベット族自治州の中でもチベット族遊牧民地帯である沢庫県の最も西北部に位置し、黄南チベット族自治州と海南チベット族自治州の境界線地域に位置する（地図

10

3 [p. 12] 参照）。後述するように、ロンウ村は海南チベット族自治州同徳県に所属する2つの村との間で地域紛争を引き起こすが、この事例は両自治州の境界線をめぐる紛争でもありながら、両自治州の官僚が間接的に紛争に関与している側面が存在する。そして、青海省から中央政府までが介入することによって、最終的に問題を解決することができた事件である。

　もちろん、筆者がロンウ村を研究対象とした理由はその地理的位置だけによるものではない。1958年、中国政府による一連の新しい経済体制の政策と宗教改革に対して、ロンウ村の男たちは全面的に地域蜂起に参加した。そして政府の激しい鎮圧により、ロンウ村は成人男性を中心に人口の半分ほどを失った。このようなジェノサイド的事件は1990年代の地域紛争にも大きな影響を与えた。こうした地域のコミュニティに与えられた外的な影響の解明は、本書の中心的な課題である。

　そもそも地域紛争に関する調査は非常に困難（本章4節参照）であるが、ロンウ村は筆者の故郷とも非常に近く、多くの便宜を得ることもできた。

　本書の構成について簡単に述べると、第1章では、まず中華人民共和国が成立するまでのアムドの歴史を概観する。また研究対象地域の地理的位置と自然環境、そして調査期間と研究方法について述べる。第2章では、チベット地域における紛争とその解決に関する従来の研究を概観する。そこではこれまでの論点を整理し、本論の参考となる中国国内外の視点を分析しその論拠を明らかにする。

　第3章から第5章までは、主に筆者の行ってきたフィールドワークに基づく調査報告となる。そのうち第3章では、調査対象地域の歴史と社会について述べ、その社会的構造を概観する。第4章と第5章では、1つの村（黄南チベット族自治州沢庫県ニンシュウ郷ロンウ村）が2つの村（海南チベット族自治州同徳県タン

第1章◆序　論

ゴ鎮ゴンコンマ村と同県のバスイ郷シャラン村）との間に起こした性質の異なる紛争事例について報告するが、後述するように、いずれも中国政府の現代刑法よりもチベットの伝統的な慣習法を適用して解決したものである。ここでは紛争の背景と経過をインフォーマントの語りと資料を用いて詳述する。

　第6章は考察として、第1章から第5章までで述べた内容の問題点を分析し、研究対象地域における紛争の背景と原因、そして解決の論理について考察する。

2　地理・自然環境

　青海省黄南チベット族自治州（地図3）は、東経100度34分〜102度23分、北緯34度03分〜36度10分に位置し、総面積1万8770.47km^{2}である。青海省の総面積は72万6160km^{2}であるから、同州はその2.6％を占めているに過ぎず、省内で最も小さな自

地図3　黄南チベット族自治州内の行政区分（黄南州誌の地図を基にして筆者作成）

治州である。

　黄河はバヤンカラ（巴顔喀拉）山脈を源流として、青海省の南部地域を流れ、四川省の西北部の岷山を西に迂回し、甘粛省甘南チベット族自治州を経由して再び青海省領内に流れるが、黄南チベット族自治州は黄河の右曲がりの南岸に位置するため黄南と名付けられた [黄南蔵族自治州概況編写組 2009: 2]。

　黄南チベット族自治州の東北部は、青海省海東地区の化隆回族自治県と循化サラール族自治県、東南部は甘粛省甘南チベット族自治州の夏河、碌曲、瑪曲の3県、西北部と西南部は青海省海南チベット族自治州貴徳、同徳、貴南の3県と果洛チベット自治州の瑪沁県に接する。州政府所在地である同仁県は自治州の政治、経済、文化の中心地である。

　州内は、南が高く北は低い地形になっており、南部に位置する河南モンゴル族自治県と沢庫県の大部分は海抜3500m以上の遊牧地域である。そして、北部の同仁県と尖札県の大部分は海抜2800mほどで半農半牧および純農耕地域である。州内最高海抜は4767mで、最低海抜は1960mである。

　自治州領内では、多くの山々が起伏していて、山の峰が幾重にも重なり合っており、非常に壮大である。東から西に走る大山脈はアムネマチン山脈の支脈であるリチャプラ山（西傾山）である。この山脈は甘粛省から四川省のゾゲ県を通り、黄南チベット族自治州の南側に横たわる。黄河は州北部を流れるが、その支流はルチュ河、ロンウ河、ゼチュ河等である。ロンウ河は黄南チベット族自治州最大の河川であり、調査地はその下流に当たる。

　気候はほぼ全地域で冷涼であり、各地の気温差が大きい。南部の気候の特徴は、冬は寒冷強風、夏は冷涼多雨で、年平均気温は－2.4～0.9℃である。年降水量は471.5～615.5mmで、降雨はほとんど5月から9月の間に集中している。北部は、冬は寒

冷乾燥、夏と秋は温暖多雨で、年平均気温は5.2〜7.8℃である。年降水量は358〜428.9mmである。北部の海抜3200mの高山区と南部の気候はほとんど同じである。

黄南チベット族自治州は、地理的に南高北低が特徴であり、南部の河南モンゴル族自治県と沢庫県は牧畜地域で、北部の同仁県と尖札県は農業地域である。全州の面積は1万8546.40km^{2}である。総人口は17万2543人（2017年現在）で、そのうちチベット族は65.24％を占めており、モンゴル族は12.33％、漢族9.02％、回族7.22％、土族4.43％、その他0.76％である。栽培される作物は、小麦、大麦（ハダカムギ）、エンドウマメ、ソラマメ、トウモロコシ、ジャガイモ等である。商品作物としては、ヌメゴマとアブラナ等がある。野菜は少ないが、白菜、大根、ネギ、ニンニク、ニラ、セロリ、トマト、茄子等が作られる [黄南蔵族自治州概況編写組 2009: 3]。

毎年、3月下旬に平均気温が0度に達し、播種の季節を迎える。作物の成長と収穫安定のためには灌漑が不可欠となる。実が熟すのは8月中旬になる。山の灌漑のできない畑から先に収穫して、平地の畑の収穫が終わるのは9月下旬である。

牧畜は伝統的な生業であり、州内の全草原の面積は159.24万haである。飼育されるのはヤク、羊、馬、ゾとゾモ（牛とヤクの交配種）、牛、山羊であり、そのほかに豚、鶏などがある。少量であるがロバとラバも飼育される。畜産品として、毛皮、羊毛、ヤクの絨毛、肉、牛乳、バター、チーズ等がある [黄南蔵族自治州概況編写組 2009: 220]。

さらに、野生植物の採集も非常に重要である。主に冬虫夏草、オウレン、マオウ、ダイオウ、セツレンカ、バイモ、ジョマ（人参果）、キノコ等で、多くは薬用植物である。特に冬虫夏草は、今日農牧民の収入内訳の80％になっているほどであり、中国の大都市や東南アジア、香港、日本等に出荷されている [沢庫県

地方誌編纂委員会 2005: 174]。

3 研究対象地域である
　　　　　　アムドの歴史

　中国国内における全チベット人の生活区域は中国の総面積の5分の1強を占めるが、その人口は2010年センサスでは628万人である。そのうち青海省には138万人が住んでいる [若林・聶 2012: 174]。同省の黄南チベット族自治州は、チベット族の伝統的な区分ではレプコン（reb skong）と呼ばれる。以下、先学の文献と研究に拠ってアムド地域の歴史について概略を述べておく。

　アムドの先住民については、史書によって若干の違いがある。漢族の歴史学者たちの多くは、この地域の先住民はチャン（羌）族であり、チベット族はチャン族から別れた民族と認識している。これに対してチベット族の歴史家であるジャモドクパは、陳慶英を引用して次のように述べる。すなわち、中国語である羌（チャン）の古代の読み方は「lga」または「sga」であり、チベット四大姓のうちの「sga」である可能性が高いため、古代のチャン族はチベット族から別れてきた民族である可能性が高いという [rgyal mo 'brug pa 2016: 77]。

　吐谷渾[2]はアムド地域における古代の民族として知られているが、原籍は中国東北部徒河（今日の老哈河）流域の鮮卑族慕容氏の一部であった。4世紀頃、アムド地域に移動してきた吐谷渾はアムド地域を300年間ほど支配した [王 2013: 47]。

　7世紀になると、ソンツェンガンポ王の統一によって吐蕃王国が成立した。吐谷渾は663年に滅ぼされ、現在の青海省と甘粛省、四川省の一部を含む広いアムド地域は吐蕃の領域となった。吐蕃は唐朝と抗争し、一時期長安を占領するほどの強勢を

第 1 章◆序　論

誇った。しかし、9世紀の半ばになって第41代ランダルマ王が暗殺されて吐蕃王朝は分裂し、滅亡への道をたどった。

　その後、アムド地域では、いくつか有力部族勢力が現れたがチベット高原の統一には至らず、北部の西夏が西北地域を統一しようとし、アムド地域を常に侵犯し続けた。これに対して、王家の子孫であるジャスラ[3]は1014年アムド地域に分散していた各部族勢力を統一して現在の西寧でツォンカ王朝（青唐国ともいう）[4]を建てた。ツォンカ王朝は一時宋朝と協力して西夏の侵犯を防ぎ、領土を拡大し、その人口は100万人強にまで増えた [rgyal mo 'brug pa 2016: 199]。

　ツォンカ王朝は1103年宋朝によって滅ぼされ、アムド地域では権力の地方分散化が始まった。13世紀になると、アムドにモンゴル勢力の影響が及んだ。1240年、チンギスハンの孫・オゴデイの次男コデンの軍がチベット高原に侵入し、各地のチベット人の激しい反抗を抑えた。コデンは当時のチベット仏教のサキャ派を保護して政治的関係を作り、フビライ帝はサキャ派のパスパを帝師とし、総政院（後の宣政院）を設置した。パスパはその責任者になったが、彼は全チベットをアムド、ウ・ツァン、カムの3つに分け、チベット全域を13万ティコル（13万戸）として、各地域に万戸と千戸政権、ナンソ政権などを設置し、チベットの政教一致制度を始めた [王 2013: 93-107]。

　その後、サキャ派に内乱が起き、一時パクモドゥ派[5]やリンポン[6]、ツァンパデス[7]等の政権も現れたが、アムド地域にはそれほど大きな影響はなかった。特に、アムドはサキャ時代からの国師、呼図克図、千戸、百戸、土司などによって支配されてきた。

　1637年、オイラートモンゴル・ホショト部のグシハンは青海から西康（カム）を経て、ウ・ツァンに大軍を投入し、1642年デシ（摂政）を殺して、チベット13要塞をことごとく手中に収め、

チベット全土を統一した。グシハンはその軍事力を背景にゲルク派の首長ダライラマ5世をチベット人地域の政教両面の長とし、ここにダライラマ政権が成立し、ゲルク派の影響力が高まった [山口 1987上: 96-100]。これによって以前はアムドのサキャ派に所属していた多くの大僧院もゲルク派に宗旨を変更するに至ったが、各地の政権はサキャ派の時期に設置された万戸や千戸、ナンソ等によって支配された。それらの地域政権はほとんど1949年の革命まで続いた。

現在の青海省にあたる地域の重要な部族は、ゴロク（三果洛）8大部族、ユシュ（玉樹）25族、ワンタク（汪什代海）8族、レプコン（同仁）12族、ハロン（化隆）10族、クンブム（湟中）6族、セルク（大通）5族、ゲルド（門源）6族などの千戸や百戸の政権である（カッコ内は現代の漢語名称）。これらの各部族は寺院、法規、そして武装などを持ち、常に放牧地の草原など領地維持のために和戦両様の関係を続けた [阿部 2008：75]。

1911年の辛亥革命の後、1912年3月に回族の馬安良と馬麒を首領とする馬一族[8]がアムドの広い地域に対する40年間の軍閥支配を始めた。

1926年、馬麒は国民党軍の第26師団の師長になり、軍を76、77、78の3つの旅団に分け、馬歩雲、馬歩元、馬歩青の3人を各旅団の団長に任命し、馬歩芳[9]（馬麟の甥）を副団長に任命した。馬歩芳は独裁政治を強化し、各県の県長の90％は軍人が務め、各地に軍隊を駐屯させて支配した。馬軍閥の支配はチベット人の地域住民に対して残酷、暴力的であった。

1930年1月6日、国民党政府は馬麒を青海省政府の主席（知事）に任命したが、同年8月病死したため、9月2日、馬麟が主席の位置を務め、馬歩芳が省政府委員に任命された。馬歩芳は税の取り立てをめぐって抵抗したアムドの広い地域を襲撃し、殺人・暴行・略奪を行った [陳 1997: 511-516]。

第1章◆序　論

　1938年、中国国民党の支持を取り付けた馬歩芳は叔父の馬麟を追い落とし、青海省の主席となり、名実ともに青海地方の支配者となった。軍事力と政治力を手中にした馬歩芳は1949年8月、彭徳懐の率いる中国人民解放軍第一方面軍に敗れた。

　1949年10月の中華人民共和国成立後、中国共産党は以前の中華民国の県制度を受け継ぎ、アムドの地方自治の基本的形態はほとんど変わらなかった。しかし、1950年代に至って中国共産党は民主改革と農牧業の集団化を進め、同時に、民族自治州・自治県制度を定めた。本書の研究対象地域である青海省では、前述した6つの自治州が成立した。1950年代には、中国共産党はこれらの自治州において一連の新しい政策を実施したが、それについては後述する。

4　調査期間と研究方法

　筆者が、黄南チベット族自治州の村でフィールドワークを開始したのは、2012年のことである。最初は、自分の出身村である同州の同仁県ジャンジャ村で調査を行った。当時は村人の協

写真2　二人の村長への聞き取り（中央が筆者）

力もあって、主に農民地域の「退耕還林」政策について調査した。2回目の調査は、2014年の5月から9月の下旬までで、牧民地域である同州沢庫県ロンウ村を対象としながら、4カ月間かけて調査を行った。そのうち2カ月間は沢庫県の政府所在地の町と海南チベット族自治州同徳県の政府所在地の町に滞在し、村の分布状況や牧民の生活について調べた。残りの2カ月間は、ロンウ村のザング（村長）であるG氏のテントと、同徳県ゴンコンマ村のN氏の家に下宿し、村の歴史についての調査を行った（写真2）。

3回目の調査は2015年7月から12月までで、6カ月間はロンウ村の元村長J氏の冬の定住家に下宿し、村の構造や人口等の民族誌的調査、そして、地域紛争に関する初期の聞き取り調査を行った。4回目の調査は、2016年の6月から11月まで6カ月間かけて行った。そのうち3週間ほどは沢庫県の町に滞在し、生態移民等の影響について調べた。その他の時間は町と村の間を往復して地域紛争に関する聞き取り調査と資料収集、ロンウ村のウグ寺院に関する聞き取り調査を行った。

調査方法は、聞き取り調査、参与観察、行動観察、文献資料の収集である。筆者はロンウ村の紛争については参与観察することはできなかったが、黄南チベット族自治州のグデ村に起きた紛争事件の調停を観察することができた。調査時期の全ての聞き取り調査や資料収集等の活動はチベット語で行った。

現地当事者の伝統的習慣・心理や、行政当局における実態調査に対する偏見があり、そもそも聞き取り調査自体が非常に困難であった。例えば、筆者は2014年夏、事件当事者の一人であるロンウ村の隣村G村のA氏が武闘事件の全貌に関する知識を持ち、文献も所有していることを知ったので、遠路を徒歩で訪ねて行った。しかし、A氏は筆者に共産党当局の訪問許可書を要求し、政府機関の人でなければインタビューへの応対はでき

第1章◆序　論

ないと拒否した。現地村民も紛争に関する話題は避ける人が大多数であった。とりわけ、死者を出すような大事件の場合は、解決後長年を経ても他人にはっきり話すことを避けた。それは後述するように、紛争中殺し合いが発生しても、最終的に犯罪者として処罰されなかったこと、そして、紛争時期に利用した銃の行方を調べられることなどを防ぐためであった。そのため、情報の遺漏には極めて注意していた。

　筆者は最終的に、親戚や友人の紹介もあり、いくつかのルートを頼って沢庫県政府関係者の紹介状を得てロンウ村の村長を訪ね、フィールドワークの間はロンウ村のザングと元村長の家に宿泊することができた。これによって事件のかなりの資料を手に入れたが、紛争の相手となるゴンコンマ村では十分に満足できる調査をすることはできなかったことを残念に思う。

　本書では、上述した青海省黄南チベット族自治州の沢庫県ロンウ村と同省海南チベット族自治州の同徳県ゴンコンマ村の間に起きた牧畜境界をめぐる地域紛争を取り上げる。両村は、放牧地の境界をめぐる問題で1950年代から長い間敵対的な関係を続けてきたが、特に1995年、双方の関係が極めて緊張した状態になり、境界とされる尾根の両側に双方の合計約2800人が塹壕を掘り、鉄砲を持ちながら山を守り、時に戦い、時には休戦した。紛争は1996年8月まで続き、最終的に双方の17人が殺害される暴力事件になった。

　本書では、ロンウ村の社会と歴史、そして紛争の前後の事情を詳しく検討することで、いかにして紛争が生じたのか、紛争に至る歴史的経緯、利害的対立、紛争をめぐる複雑な社会関係、そして調停に至るまでのプロセス等について考察する。

　以下では、現地当事者の名前は調査対象者本人の希望により、アルファベットの頭文字に代える。チベット語は現地の発音をカタカナ表記で表し、ワイリー（Wylie）方式により文字表記

を併用する。

注
1)　中国国内のチベット族居住地域は、チベット人の伝統的な地域区分としては、チベット自治区の昌都地区を除いた部分をウ・ツァン、青海省の玉樹蔵族自治州を除いた部分と甘粛省南部、四川省の阿覇蔵族自治州をアムド、昌都地区とかつての西康省すなわち四川省甘孜蔵族自治州と雲南省北部をカムと呼ぶ。全面積は220万 km^2 である。
2)　3世紀7、80年代、鮮卑族の首領である慕容廆は異母兄弟の吐谷渾（とよくこん）を排斥したため、吐谷渾は所属の部落を率いて、最初は現在の内モンゴル西部に移住し、次第に現在の甘粛省西南部と青海省東南部に移住して遊牧を始めた。彼の子孫たちは始祖である吐谷渾の名を取って国名とし、4世紀から8世紀まで青海一帯に拠って支配した [青海省誌編纂委員会 1987: 35]。
3)　10世紀の頃、青海湖地域では西夏に対する防衛のため、周辺の諸氏族は結束を余儀なくさせられた。1008年、その中核としてヤルルンからラトゥーに亡命したタシー・ツェクパペルの孫ティデが、ラダックから迎えられた。ナムデ・ウースン王の玄孫であったところからティ・ナムデ・ウンツェンポ（ウースン王の玄孫のツェンポ）と称し、ジャスラ（王子の意）と呼ばれた。
4)　土豪たちはジャスラを擁立して利益を得ようと争ったが、結局、自分を利用して「デシリンポチェ」（摂政）を名のっていた李立遵や温浦哥に替わってジャスラが自らツォンカ十八州に君臨して、ツォンカ王朝（青唐王国）を名のった [山口 1987 上: 52]。
5)　もともとパクモドゥという名は現在チベット自治区に所属する地名であるが、1158年カギュ派のニャメドルジェがそこで寺院を建てて修行したことによって、カギュ派の支派であるパクモドゥ派が創設された。1354年サキャは内乱を機にサキャ政権を奪われパクモドゥ政権が成立した [rgyal mo 'brug pa 2016: 275]。
6)　リンポンもウ・ツァン地域の地名であるが、そこを支配した王に

リンポンワという者がいたため、その名が政権に付けられた。1565年リンポンの勢力が強くなり、パクモドゥ政権を一時期奪ったのである [rgyal mo 'brug pa 2016: 363]。

7) 1618年にパクモドゥ政権を奪ったもう1つの勢力であるが、ツァントの王ともいう [rgyal mo 'brug pa 2016: 370]。

8) 1862～73年のイスラムの反清反乱事件当時、馬占鰲、馬安良父子は清朝に投降した河州（甘粛省臨夏）回族の首領であった。馬海晏、馬麒父子は馬占鰲、馬安良の部下であり、馬海晏は馬安良の推薦下、清の副将軍になった。1900年、彼らは甘粛軍の董福祥氏の部隊について北京へ行き、8国連合軍が北京を攻略した時、馬海晏、馬麒父子と馬福祥、馬福禄兄弟は正陽門を守衛する命令を受け、馬福禄が戦死した。馬海晏、馬麒は正阳门の左側で8国連合軍に破られた。馬海晏は軍隊を撤退させる途中病死した。馬麒は馬安良の抜擢を受け副将軍の地位を維持した。その後、馬麒は西北に戻り、1912年西寧の総兵官になって、青海の政治一切を統治した [青海省誌編纂委員会 1987：269]。

9) 馬歩芳（1903～75）は中華民国時代に青海地方を支配した回族の軍閥首領である。1934年、馬歩芳はレプコン地方に重税をかけて搾取し、大規模な略奪や殺人などの暴政を行った。

第2章 現代チベットの地域紛争に関する研究史と主要な論点

1 アムドチベット人の好戦性と男らしさについての研究

　1960年代以降文化人類学では紛争に関する研究が盛んに行われるようになった。その原因としては、人類学者の増加やベトナム戦争の影響、そして調査地域の拡大などが挙げられる。特にこの時期は、アメリカで多くの人類学者によって戦争に関する研究論文や民族誌が生産された [栗本 1999: 59]。本書の対象となる、チベット遊牧民地域における牧草地をめぐる地域紛争に関する最初の論文も、この時期にアメリカの人類学者によって書かれたものである [Ekvall 1964]。

　当初から人類学者が注目したのは、人間の「好戦性」である。1980年代になると、紛争に関する研究は「好戦性」と「平和性」の2つの研究群に発展した。つまり、戦争の人類学と平和の人類学であるが、この2つの研究の分岐は、人間の本性は好戦的であるとする立場と平和的であるとする立場の違いによる。この2つの対立する研究は、栗本英世が指摘するように、ホッブズ的人間観とルソー的人間観の対立として捉えることが妥当だろう。すなわち、栗本によれば、ホッブズは『リヴァイアサン』の中で、自然状態の人間は生き残るため互いに暴力を行使し、特に自己利益の前で遠慮なく暴力を選んだと主張した。これに対してルソーは『人間不平等起源論』の中で全く逆の立場で暴力的人間観を批判し、平和的人間観を論じたとされる。しかし、このような対立は栗本がいうように、「二つの人間観は同じ硬貨の両面であり、両方検証不可能であるが、戦争の人類学を民族誌的、理論的に補完するために、平和の人類学の発展は不可欠である」[栗本 1999: 31]。

　Ekvallは、初期のチベット研究者であり、初めてチベット遊

牧民をフィールドワークに基づいて文化人類学的に研究したアメリカ人ともいえる人物である。彼は1930年代から宣教師として甘粛省地域で活動し、広範な民族誌的記述を残し、その中で、チベット遊牧民の紛争のプロセス、調停の方策などについて分析している [Ekvall 1964]。また、地域文化や環境による心理分析を通してチベット人地域における暴力紛争の発生、地域住民の好戦性、紛争解決の経過を観察しながらその特徴などを考察した。

彼の収集したデータそのものは1949年の革命以前のチベット遊牧民地域に関する極めて貴重なものであり、後述するように本書においても使用している。彼はチベットの遊牧民について、好戦的で、常に争いのためのトレーニングをしていると指摘する。

Ekvallは、「争いを好むことは、遊牧民固有の性格と外見に表れている。アムドチベット族遊牧民は基本的に自給的牧畜に必要な技術を磨くためにトレーニングをおこなうが、それは戦争の本質的技術とつながる。遊牧民たちはそれを強化して意識的に維持してきた。特に、移動のスピード、パトロール、素早い動員、効率的な荷作りと輸送、集団的行動や食料供給能力、そして、一定の兵器訓練、特に弓の使用などのトレーニングはたまにするものではなく、日常の本質的活動となっている」と述べている [Ekvall 1964: 1127]。

この説明は、彼自身が別論において述べているように [Ekvall 1961: 1250–1263]、アムド地域における紛争と暴力の原因を、遊牧民の「好戦性」にあるとみなす立場を取っている。

またPirieは、チベット本土だけではなく、ラダック地域における紛争についても研究している。彼女のアムド地域についての研究論文では、アムド地域の男らしさと暴力性に注目し、それをジェンダー問題として分析している。彼女はアムドチベ

ットの男の理想像として、チベットの口承文学上の英雄『ケサル大王』の性格を想定している。

　Pirieによれば、「アムドの遊牧民の社会には混乱と規則の破壊を認めるかどうかに対して相当な曖昧さがある。彼らの混乱に対する態度は非難と寛容と、男らしさの間で揺れ動いている。特に、規則の破壊と抵抗が起きる時、その背後にあるのは男らしさである。つまり、アムドの男たちは、ケサルの野性やシャーマン的特質、そして、怒りや挑戦的性格、権威に対する抵抗やリーダーへの不服従等によって男らしさ、または社会的地位を獲得し、暴力紛争を引き起こすのである」[Pirie 2008: 232]。

　このことについて栗本は、「攻撃的で競争的な男らしさは、個人間と集団間の暴力的戦いを発生させる条件の一つであり、こうした男らしさの観念の欠如は、平和の条件の一つである。男たちの面子へのこだわりが戦争を生むと言ってしまえば、あまりに単純化しすぎになる。しかし、真実の一面は言い当てている。また、男たちは、名誉の獲得と自己満足のために、女性や資源の獲得のために争うのであるから、この議論は、戦争の原因をめぐる議論と関連してくるのである」と述べている [栗本 1999: 39]。

　ギルモアは『男らしさの人類学』の中で次のように述べる。「男が演ずる基準には、殆ど男だけに特有なもの、つまり、繰り返しの多いものが見られること、そして強調とか形態の違いといった表面的な差異の下には、男性性の概念、その象徴化したもの、その教育的内容について、一定の類似性が見られることである。しかも大切なものは、この類似性は、多くの社会に存在するが、決してすべての社会に存在するわけではない」[ギルモア 1994: 7]。

　EkvallもPirieもチベットにおける地域紛争の原因を探りながらも、「男らしさ」という独特な文化的価値を捉えて、地域紛

争の原因にそれを当てはめる。しかし、アムドチベットの社会は多民族の混住地帯であり、歴史的にも非常に複雑な側面が存在する。例えば、元来モンゴル族であるがチベット化された集団、土族でありながらチベット族のアイデンティティを持つ集団、チベット族でありながら漢化された集団等の独特な地域文化が存在する。とりわけ遊牧民という生業の持つ特質や、当該地域が1950年代以降経験してきた複雑な歴史的経緯を検討しない限り、全てのアムドチベット社会を一律に捉えることはできない。

2　アムドチベット族地域における紛争の解決や慣習法に関する研究

　Ekvallの上記の論文では、上述したように1949年の革命以前の事例として、現地のチベット人が伝統的な慣習法に従ってコミュニティの首長、または宗教的な権威すなわち寺院の高僧などの調停によって賠償を取り決め、それによって紛争を解決した過程が詳しく記述されている。例えば彼らは、殺人に対しては「命価」、傷害や物損に対しては「血価」を支払った。つまり、人命・財産の損害を相手に与えたとき、現代法では民事賠償とは別に投獄・死刑を含む罰則があるのに対し、慣習法では全てを賠償によって解決してきたことが記録されている[Ekvall 1964: 1140-1142]。

　しかし、中華人民共和国が成立した後、とりわけ1990年代以降チベット各地において増加した地域紛争を解決するために、中国政府は「法治」のスローガンのもと、刑法と刑事訴訟法によって紛争の解決を求めるようになった。今日では地域の慣習法と現代刑法との矛盾が実務上でも大きな問題になっている。

シンジルトは断続的に青海省モンゴル族地域（河南蒙古族自治県）とチベット族地域でのフィールドワークを行ったが、彼によると、少数民族地域では、政府は紛争を解決するための一貫した法整備を行っておらず、多くの場合伝統的な方法によって問題の解決をせざるを得ない状態にある。地域の慣習法や民間調停は行政や法が機能しない無政府状態では有効だったが、現在はその効率性を失い、国家の法律と慣習法との矛盾やアンバランスが明らかになりつつあるという [シンジルト 2003: 208]。

華熱多傑はチベット族であるが、チベット地域の慣習法について最初期に研究した者の1人であり、紛争の解決や慣習法について多数の論文を提出している。華熱多傑によると、アムドチベット族の慣習法は吐蕃時代の「十善律」、「人間経典十六条」、「法律二十条」等の成文法を基礎として変化してきたものであり、中華人民共和国の成立、とりわけ1950年代のチベット民主改革によって論理上排除されたものである。しかし、慣習法は特にアムド地域の歴史的、文化的、経済的な特定の環境下でできたものであり、地域住民の独特な環境や社会に適応している。したがって、国家政府はこれを理解し、公認し、評価することによって現地で合理的に利用すべきであるという [華熱多傑 1989: 108]。

彼は別論において、慣習法と中国政府の現代刑法という法の二重構造に関する問題を提起し、終始、国家による法律と慣習法は互いに協力し、バランスよく実行すべきことを強調している [華熱多傑 1993: 53]。

青海省の検察長である張済民は『淵源流近——蔵族部落慣習法法規及案例輯録』[張 2002a]、『尋根理枝——蔵族部落慣習法通論』[張 2002b]、『諸説求真——蔵族部落慣習法専論』[張 2002c] の3冊を出版し、チベット族の慣習法について広く論じている。彼は、中国共産党官僚としてチベット族地域の慣習法

は国家の法律の実施を妨害していると認識し、慣習法を廃除すべきとの立場に立っている。だが、彼は機械的に現代法をチベット人地域に適用するのではなく、中国共産党の民族平等と団結の政策、宗教信仰自由政策と刑事政策を貫徹し、法制社会の宣伝教育を深く行い、民族地域への限定的立法などによって国家の法律の適用範囲を民族地域に徐々に拡大し、民族慣習法の作用を徐々に縮小することを主張する。それによって、慣習法による事件の解決と処理の悪影響を減少させ、チベット地域の社会治安を維持するという方向をめざしている [張 2002c: 21]。

　これに対して、青海民族大学の索端智（チベット族）は次のように述べる。「慣習法自体は現地の法資源であり、国家法による統一的な法治を強調しない限り、チベット族の慣習法は中国国家法の一部になりうる。かつそれは国家法の文化的に欠くことのできない部分である」[索端智 1993: 63]。これに同意する形で華熱多傑は、国家法と慣習法が矛盾している以上、国家によるどんな解決方法も地域住民に対しては実際の生活から離れている。慣習法を排除しようとしても、民間ではこれによる解決は現実に存在しており、同時に地域住民の生活に重要な役割を果たしている。多元化社会の背景下、異なる社会の規範が互いに補い合うことを強調することこそ社会発展に有利であると指摘する [華熱多傑 2009: 40]。

　このように、チベットにおける地域紛争の予防策や対応よりも、その問題解決の段階で相対立する慣習法と国家法をどのように実施するかに対して議論が展開されてきた。それについては1990年代から多数の論文が提出されており、概観してみると多くの学者は以下の2つの立場で議論していることがわかる。

　まず、「蔵族社会伝統糾紛調解制度初探」[潘 2009]、「蔵族習慣法中的賠命価与倫理刑法的関係」[南・隆 2009]、「蔵族習慣法中的調解糾紛解決機制探析」[后 2011]、「群体取向下的"部落

実用主義与司法理性的衝突与調適——以安多蔵族伝統糾紛解決観為例」[熊 2017] などはほぼ以下のような立場である。

　すなわち、慣習法はチベットの歴史的文化的な産物であり、ある程度まで維持すべきである。つまり、誤殺など過失の場合は軽い刑、もしくは国家法を適用せず、民事賠償（慣習法によって）する形を取る。しかし、悪質な犯人に対しては投獄と賠償がともに必要である。

　一方、「蔵族賠命金習慣法与国家制定法的衝突与調適」[董 2011]、「文化与制度：蔵区命価糾紛的法律分析」[周 2009]、「蔵族習慣法中的賠命価芻議」[曹 2008] などは、チベット社会は長期的に仏教や政教一致支配の影響によって法治観念が薄いため、これがチベット社会の発展を阻害し、社会主義法制の建設に不利に作用してきた。したがって、慣習法の作用を縮小し排除すべきという立場である。

　また、上原周子は青海省海東地区の化隆地域における民族紛争とその解決の事例について調査し、農耕定住社会のチベット族集落内部やチベット族集落と周囲の回族の集落との間に起きた紛争を取り上げている。彼女によると、集落内のチベット族と回族の間で紛争が起きた場合は、集落内のチベット族の老人と回族の老人たちが集まって相談し、事件の経緯から謝罪金額を決めて解決する。しかし、双方が納得せず、争い続ける場合は、警察や政府に調停を依頼して処理すると述べている [上原 2009: 69、71]。

　Pirieのマチュにおける事例では、警察の関与によって殺人犯を投獄するとともに遺族への賠償を求めた場合、遊牧民は地方政府に対抗して彼ら自身の社会的な独自性を主張したとされる [Pirie 2008: 235]。また、Pirieは別論で、中国政府と現地チベット遊牧民の関係については、「中国政府は、軍事的にも政治的にもアムドの遊牧民に対して領土、通信、市場、牧畜活動、

教育と生殖などのコントロールについて非常に強圧的であったが、遊牧民の暴力を完全に制限することはできなかった。しかし、アムドチベットにおける部族の規範、そして権力と権威の相互作用は現代中国の中で新しい形をとっている」と述べている [Pirie 2005: 25]。

3　小　括

　ここでは、チベット地域の紛争に関するこれまでの研究史を整理しておこう。まず、なぜチベット遊牧民地域の放牧地や家畜、そして境界をめぐる問題が常に暴力的な地域紛争になるのかという問題である。

　Ekvall [1964] は地域紛争という事態の発生を、社会的文化的に決定されるその地域の価値観から説明する。Pirie [2008] のジェンダーについての説明もまたそれと重なるところがある。しかし、栗本 [1999] が説明するように、地域社会の「好戦性」と「男らしさ」は紛争が発生するための原因の1つであるかもしれないが、明らかに唯一の条件ではない。なぜならば、一般にいってあるコミュニティと異なるコミュニティの間に紛争が起きるということは、文化的背景だけではなく、経済や人口、社会組織、政治的権力、そして環境などの要素にも密接に結びついているからである。

　また、紛争の解決段階における慣習法と中国政府の現代刑法との矛盾に関しては、主に中国国内の研究者によって議論されてきた。上述したように、紛争の解決において地域住民は、慣習法での解決を要求し、紛争によって出た死者や負傷者、そして家畜等の財産の損害に対して、賠償しか行わなかった。現代刑法では、個人に対する刑事罰が要求されるが、地域住民は当事者として、個人の責任を問う考えは全くなかった。この問題

に対して華熱多傑 [1989] は、現代刑法と慣習法の協調を主張するが、遊牧民の放牧地等をめぐる紛争は集団で行われており、個人の法的責任を問う現代刑法を慣習法と協調させることができるか否かの問題である。後述の事例にあるように、現地政府はある程度慣習法による調停を認めている。しかし、それは現代刑法のような成文法になっているわけではない。そのため、華熱多傑は別論で索端智 [1993] の説明に対して同意する論述をしている [華熱多傑 2009]。それは、慣習法を排除せずに、現地の特殊な法として利用すべきであるという主張である。張済民 [2002a～c] は同じような主張をしているが、彼は最終的には慣習法を排除すべきとする立場にある。

　上述の文献からみると、中国国内の（チベット人も含めて）研究者たちの関心は、紛争の原因や性質よりも、むしろ紛争の解決、あるいは現実の問題として起きる慣習法と現代刑法の矛盾に関する問題にある。したがって、これまでのアムドチベット地域における紛争に関しては、例えば、EkvallやPirieは文化的要素に基づく説明、あるいは、現代中国のチベット人や漢人の法学者たちは慣習法と現代刑法との矛盾に関する議論を専ら行ってきた。しかし、1950年代後半以降のアムドチベット社会における歴史的変動、すなわち地域社会が受けた外的影響の議論を中心として取り上げた研究はなかった。

　本書では上述のような先行研究を踏まえて、主にフィールドワークで筆者自身が聞き取り、材料を収集したものを用い、インフォーマントの語りを生かしながらデータとして使用する。そして、紛争の原因については、とりわけ1950年代以降、該当地域が経験してきた複雑な社会的、歴史的経緯を検討しながらその背景を明らかにする。また、ロンウ村の事例を分析しながら、慣習法と現代刑法との矛盾、地方政府と地域住民との関係などについて考察する。

第3章 調査対象地域の現代史と社会構造

第3章◆調査対象地域の現代史と社会構造

　本論に入る前に、集落・行政村などの定義をはっきりしておく必要がある。1958年の民主改革によって、以前の自然村や集落共同体がバラバラにされて現在の行政村が成立した。本書では、集落は自然村、村は集落連合を指す。行政村はいくつかの自然村を分解統合した存在となる。そして、現在の中国の行政表記として、県レベルまでは漢字表記として、県より下については現地語によるカタカナの表記とする。また、中国政府はチベット族を「蔵族」と表記するが、本書ではチベット族とする。

1　ロンウ村の概要

　ロンウ村（写真3）は青海省黄南チベット族自治州沢庫県ニンシュウ郷に属し（地図3 [p. 12]・地図4 [p. 83] 参照）、沢庫県政府所在地から西方約20kmに位置している。ロンウ村の東と南は沢庫県のゼチュ鎮と河南モンゴル族自治県に接し、西と北は海南チベット族自治州同徳県のゴンコンマ村と沢庫県のホル郷である。ロンウ村の平均海抜は約3500mであり、年平均気温は−2.4〜2.8℃、年平均降水量は437.2〜511.9mmである [沢庫県地方誌編纂委員会 2005: 1]。

　ロンウ村は純遊牧民地域であり、チベット高原に独特な広い渓谷（モンゴル語でいうタラ）に牧草地が広がっている。地域住民は渓谷の両側に放牧地を持ち、冬は谷底の固定家屋に住み、それ以外の季節は自家管理区域をテントで移動する半定住生活を送ってきた。主要な家畜は羊、ヤク、馬である。

　1949年の革命によって中国人民解放軍が進駐するまでは、この地域は「レプコンのナンソ政権」の支配下にあった。ナンソ政権は13世紀頃、現在のチベット自治区サキャ地域から来たロンウ家が当地の12部族と同盟して築き上げたものである。その最大領域は、今の同仁（レプコン）県、沢庫県、そして甘粛省

写真3　ロンウ村の放牧地（冬）

夏河（ラブラン）県の一部と同徳（カパスムド）県まで広がっていた。

　沢庫県誌によると、「ロンウ村はシャウナともいうが、シャウナはモンゴル語である。この村は2つの集落（ダカルとダナク）によって形成されている。伝説によると、チベット高原を制圧したオイラートモンゴル・ホショト部のグシ汗の孫ツァハンダンジン（察罕丹津）が現在の河南モンゴル族自治県周辺を支配していた時、その息子の病気がロンウ大僧院の寺主であるシャルラマ2世の祈禱によって治ったことがあった。ツァハンダンジンは法事の報酬として広い放牧地を与えようとしたが、シャルラマ2世はこれを断り、当時ツァハンダンジンの牢獄にいた何人かを解放するよう求めた。シャルラマが牢屋から救った人

たちが現在のロンウ村のダカル（白テント）とダナク（黒テント）の2つの村に発展した。そこは現在もモンゴル政治制に従いザング（モンゴル語、百戸長の意味）によって管理されている。その後、シャルラマはレプコンからロンウ村に何人かを役人として派遣したが、それは現在ロンウ村に属するニギャ（俗）集落となっている。この3つの集落を合わせてロンウ村と呼んでいる」[沢庫県地方誌編纂委員会 2005: 494]。ロンウ村の住人の祖先はモンゴル族であり、一部の人はそれを認識しているが、その一方で村人全員がチベット族としてのアイデンティティを持っている。

ロンウ村は上述したように、1958年以前はダカル（sbra dkar）とダナク（sbra nag）、そしてニギャ（mi skya）の3つのデワ（sde ba＝集落）によって形成されていた。まず、ダカル集落は13のツォワ（tsho pa＝氏族。約40戸で形成される）によって形成され、ダナク集落は18のツォワによって形成される。この2つの集落は1つの集合体として選挙制のザング（tsan gi＝村長）によって支配されてきた。表1に示すように、2つの集落の各ツォワの中でキュダ（'khyug bdag＝家畜管理者）を選挙し、計80人のキュダによって各ツォワが管理されていた。1955年の両集落人口は1748人で、ダカルは約100世帯、ダナクは約300戸であった [陳 1991: 248]。

表1のように、ロンウ村は1958年までザングとキュダによって管理されていた。各ツォワには長老がいて、村に重大な事件

表1　1958年以前のロンウ村の支配表

ロンウ村		
ザング		ホンポ
80人のキュダ		9人のキュダ
ダカルデワ	ダナクデワ	ニキャデワ
13のツォワ	18のツォワ	9つのツォワ

等があった時は、全てのツォワの長老が集まって長老会が開かれるのである。このザングとキュダは決して世襲制ではなく、基本的には3年に1回の選挙によって決定される。しかし、選挙されたザングの能力が高ければ、ザングを続けることができる。そして、80人のキュダたちは基本的にはツォワ内部の家畜管理者として放牧や越境などについて監視する。また、ニキャ集落の場合は世襲制のホンポ（dpon po＝村長）とキュダによって管理された。ホンポの下には9つのツォワがあったが、各ツォワにキュダ1人と長老1人がおかれており、上述の2集落と同じように支配した。

　表1に示したように、ニキャ集落には9人のキュダとそれぞれの長老がいたが、彼らの役割は上述したダカル集落とダナク集落と同じである。1955年時点で、ニキャ集落は140戸、人口649人であった [陳 1991: 248]。

　中国共産党は1958年からの民主改革によって伝統的な村社会の構造を壊し、ザング、ホンポ、キュダ等も全て廃止し、ツォワも改廃統合して新たに人民公社とした。しかし、1984年に人民公社は廃止され、行政村に変わった。ロンウ村にはあわせて32の生産合作社が設立され、6つの行政村が設けられた（表2）。

　これらの行政村は全て、共産党支部書記、村長、副村長、団委書記、女性主任の5人のリーダーによって管理されるように

表2　現在のロンウ村とその人口

ロンウ村		
ダカル集落	現在は1つの行政村	ダカル（人口864）
ダナク集落	現在は4つの行政村	セルワン（人口815）
^	^	ホジョル（人口1395）
^	^	カチョン（人口1122）
^	^	セルチェン（人口1450）
ニキャ集落	現在は1つの行政村	セルロン（人口2779）

第3章◆調査対象地域の現代史と社会構造

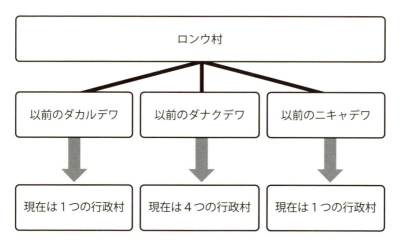

図1　現在のロンウ村に所属する行政村

なった。行政村の名前については、1958年当時は「紅旗」や「東風」等の名前を付けたらしいが、改革・開放後、以前の氏族の名前に変更されたという。現在は図1のように、各集落を1〜4の行政村に区分している。以下では、図1のロンウ村に所属する6つの行政村の概要を述べておこう。

(1) ダカル（sbra dkar）行政村

　ダカル行政村はニンシュウ郷政府所在地の南部に位置する。村から郷政府所在地までは35kmの距離である。管轄面積は5800haで、利用する放牧地の面積は4813haである。以前はダカル集落に所属し、2017年現在、162世帯で人口は864人である。この行政村には4の合作社（以下、「社」とする）を設置しており、現在は第1社、第2社、第3社、第4社というように呼んでいる。各社には社長がおかれている。村内共産党員20名、村幹部2名である。

　ダカル行政村では、2011年から現代合作社[1]（人民公社時代の

合作社とは異なる）を設立し、青海省ではダカル式合作社として有名であった。牧民たちは民営企業のように家畜と牧草地を資本として合作社に参加し、バター、チーズ、牛乳等を商品として市場で販売し、毎年の収入を牧民に配当していた。筆者はこの合作社の現理事長A氏に話を聞くことができた。

　合作社の成立は2011年であったが、当時は村内の第2社、36戸しか参加しなかった。彼らは家畜72頭と牧草地400ha、そして、同年県政府から支給された牧草地の補助金（退牧還草による）27万元（日本円で約460万円）を資本とした。彼らはまず、現金24万元を使い冬虫夏草の売買で9万元の利益を上げた。2012年には純利益21万元があり、家畜と牧草地の利益を加えてメンバー1人当たり約1000元（同約1万7000円）の配当をした。そののち全村の89.8％、150戸が合作社に参加して、1800haの牧草地、ヤク580頭、牧草地の補助金を全て合作社の資本として使った。2013年には51万元の利益を分配することができた。その後、年々利益が増加し、合作社の利益に加えて国家が約700〜800万元を補助し、2016年現在は、羊の養殖場1カ所、ヤクの養殖場1カ所、沢庫県で畜産品の販売店、ホテルを経営し、ラサにも畜産品の販売店などを設けた。合作社の資金としては、現金2380万元を持つ。また、商品として牛乳、チーズ、バター、肉、キノコ、冬虫夏草等があり、村民は、放牧者、加工者、販売者、サービス、運送等の仕事を手につけた。合作社の年平均総収入は約2000万元（同約3億400万円）である。[2016年10月20日聞き取り、ダカル合作社の理事長A氏、男性、53歳]

　実際、2010年から青海省の多くの農牧民社会においてこのような現代合作社が増えてきた。しかし、ダカルのように成功し

(2) セルワン（gser bang）行政村

セルワン行政村はニンシュウ郷政府所在地の南部に位置し、村内まで54kmの距離である。管轄面積は7330haで、利用される放牧地の面積は7320haである。1人当たりの年収は4200元である。

セルワン行政村はダナク集落に所属するが、村内には現在4つの社が設置されている。そのうち第1社、第2社、第4社はかつてダカルの所属であったらしい。2017年現在、村内は153世帯で、人口は815人である。村内共産党員は20人、村幹部5人である。ロンウ村のザングは1958年廃止され、2000年に再び選挙された。現在のザングはセルワン行政村に所属している。ザングは昔の権力を失っており、ただ精神的リーダーとして村内の宗教的活動、民間教育等を組織している。現在の各行政村の党支部書記は村内共産党員の中から選挙する。また、筆者はセルワン行政村の、とりわけ第2社でその家庭内部の役割、通婚圏、牧民の行動、人間関係、宗教、教育、移民等について詳細な調査を行った。これらについては後述する。

(3) ホジョル（h'o cor）行政村

ホジョル行政村はニンシュウ郷の西部に位置し、郷政府所在地まで35kmの距離である。村の総面積は8360haで、利用される放牧地は8250haである。1人当たり約100ムー（1ha＝15ムー）の放牧地を持つ。村内1人当たりの年収は約2000元である。ダナク集落に所属するが、村内には現在5つの社が設置されている。2017年現在254世帯、人口は1395人である。村内共産党員33名、村幹部3名である。

（4）カチョン（ska chung）行政村

　カチョン行政村はニンシュウ郷の西部に位置する。郷政府の所在地まで34.4kmである。この行政村はダナク集落に所属するが、現在村内には5つの社が設置されている。総面積は7000haで、利用される放牧地は633haである。2017年現在、227世帯で人口は1122人である。1人当たりの収入は約3440元である。村内に牧畜合作社が1つある。共産党員11名、村幹部3名である。

（5）セルチェン（gser chen）行政村

　セルチェン行政村はニンシュウ郷政府所在地の南部、郷政府所在地から79kmのところに位置する。管轄面積は1万300haで、うち放牧地として利用されている面積は8638haである。この行政村も以前はダナク集落に所属していた。現在村内は5つの社に分けて管理されている。2017年現在、村内290世帯で、人口1450人である。共産党員は35人、村幹部2名である。

（6）セルロン（gser lung）行政村

　セルロン行政村はニンシュウ郷の西部に位置し、郷政府所在地まで23kmの距離がある。管轄面積は4620haであり、うち放牧地として利用するのは4300haである。この村は、上述のダカル集落がダカル行政村になっているのと同じく、以前のニキャ集落が1つの行政村としてセルロンになった。しかし同上の行政村と同じく9つの社を設置している。2017年現在、村内は446世帯で、人口は2779人である。共産党員48人と村幹部5人となっている。

　以上の6つの行政村によって現在のロンウ村は構成されているが、村の総世帯数は1532で、総人口は8425人である。これら

の村は1984年に行政村として成立したが、その後も彼らは長い間1つの集落共同体（ロンウ村）としての主体性を確立している。この点については後述の紛争事件でも明らかである。

2 ロンウ村の現代史

2.1 民主改革と地域の蜂起

　上述したように、アムド地域は万戸や千戸、ナンソなどの地方政権によって支配されてきた。レプコン12族の政権は、13世紀頃現在のチベット自治区サキャからきたロンウ家が当時のレプコン12族と同盟して築き上げたものである。ナンソ政権は1949年まで続いた。現在は沢庫県に所属する本書の対象地域であるロンウ村も、それまでナンソ政権の下にあった。

　1949年9月22日、中国共産党によって同仁県人民政府が成立したが、当時は今の沢庫県は同仁県に属していた。1952年3月同仁蔵族自治区に、翌1953年7月同仁県に変更され、同年9月30日、黄南蔵族自治区（のちの1955年に蔵族自治州に変更）となった。1953年12月、沢庫は独立した県として成立した。そして、県にはホル区、ロンウ区、ソナク区、ゴンシュ区、メシュル区の5つが設けられ、各区は以前の千戸と百戸が区長として管理していた [黄南州地方誌編纂委員会 1999: 160]。

　1952年、青海省農林庁は中国共産党中央政府の「農業生産互助合作の決定会議」によって、一部の村で互助組を実施するための周知活動を行い、54年から互助組を組織し始めた [黄南州地方誌編纂委員会 1999: 294]。

　ロンウ村の歴史記録によると、1952年中国共産党の工作団がロンウ村を訪ね、ロンウ村の3つの自然村をセイディ区とした。以前の馬一族による全ての税をなくし、「不分不闘、不割階級（牧民社会では階級区分をせず、階級闘争は行わない）、牧民牧主

両利」という「三不両利」スローガンのもと、牧民に救済金として一定の金額と家畜を与えた。そして、生産物の売買を援助し、無料の医療などを提供して、牧民から恐怖心をのぞき、その生活に一定の安心感をもたらした [rtse dge 'dun rgyal mtshan 2012: 100]。馬歩芳政権によって、中国共産党は獣・化物の類だという宣伝が行き届いていたからである。

　さらに、1957年から「三不両利（貧民にも富裕牧民にも利益になる）」政策と並行して合作社を成立させ、放牧地、耕地、家畜などを政府所有に変える方針が明らかになった。しかし、実際は1956年から1959年にかけて中国共産党は反右派闘争と地方民族主義に反対する運動を起こし、寺院を閉鎖し僧侶を逮捕して収容所に送った。続いて高級合作社を合併して人民公社を組織しようとした。これらの中国政府による一連の新しい経済体制の政策と宗教改革は、チベット仏教を信仰するチベット人にとっては死活的問題であった。これを機にチベット人の武装蜂起がアムド各地で起きた。中央政府は内モンゴルから騎兵隊を動員し、58年から徹底した鎮圧を行った [楊海英 2014: 247-258]。

　1958年3月から8月にかけて甘粛、青海の一部の宗教指導者と部落のリーダーが改革に反対して中国共産党・人民政府・社会主義反対の反革命武装反乱を起こした。半年間の反乱参加者は13万人、広さは42万km^{2}に及んだ。これに対し、解放軍蘭州軍区と中央軍事委員会の鎮圧作戦は合計11万6000人を殲滅、武器7万丁を鹵獲した [毛里 1998：274]。

　阿部は、「黄南蔵族自治州では25の村19の郷で反乱がおこり、蜂起者は合せて1万1000人という数に達した。州人口は8万8000人だったから12％程度の参加率である。また、青海省南部鎮圧部隊指揮部は、海東地区循化県城の反乱集団を包囲攻撃したのち、5月4日、2個連隊および砲兵と歩兵の混成大隊を黄南州に進撃させた。蜂起の中心は同仁県のロンウ大僧院である。蜂起

集団は執拗に抵抗して最終的に掃討されたのは、阿覇（四川省のアムド地域）より遅れて60年下半期であった。解放軍が鹵獲した武器の中には六丁の機関銃があったという。（旧式の）先込め銃ばかりではなかったのである」とし、蜂起と鎮圧の大規模だったことを述べている [阿部 2006: 300]。

　また、同仁県のD氏（男性、78歳）によると、人民解放軍と戦って敗北した人たちはラサに逃げた。地域蜂起に参加したと判断された部落の成人男性は皆殺しに遭い、寡婦村となったところもあった。銃殺されなかった僧侶や俗人のかなりの部分は、甘粛北部の馬鬣山近くの収容所や鉱山に送られた。寺院の財宝は解放軍が没収し行方不明になった。貴重な経典や古文書は燃やされるか布靴の靴底になった。夏河県ラブラン寺の破壊を免れた伽藍の一部は家畜処理場になったという。

　この時期、政社一致の人民公社化が急激に進み、農民は「党、政、軍、民、学」の結合した管理体制下におかれた。中央政府は全国的に「社会主義への移行」を遂行するために、少数民族地区において、社会改革・農業集団化を強行した。住民の耕地と家畜、さらに什器なども全部没収して、人民公社あるいは国営農場の所有とした。伝統的な村落（部落）共同体は破壊された。そして、各村内では生産大隊と小隊が成立した。漢族への同化策が推進され、漢族の少数民族地区への移住も始まった [辻・加藤 1995: 65]。

　ロンウ村では、1958年8月からほとんどの男性が地域蜂起に参加し、青海省政府から派遣された工作団や解放軍の兵士数人を殺害した。これに対して政府は徹底した鎮圧を行った。人民解放軍の激しい鎮圧によって、村の人口は以前の2500人近くから1000人余に激減した。ロンウ村は政府によって「全村反革命」すなわち「土匪」とされ、これ以後中国共産党の厳しい監視下におかれ、蜂起に参加しなかった隣村からも厳しい差別を受け

た [rtse dge 'dun rgyal mtshan 2012: 100-124]。

　沢庫県誌は次のように述べる。

　沢庫県内には（民主改革以前から）盗罪がはびこり、多くの反動勢力は河南モンゴル自治県、甘粛省夏河県の馬歩芳残余の強盗と結託し、共産党と合作社に反対し、民族団結を破壊し、民衆や幹部を殺害し、はばかりなく財産や武器を略奪し、当時の新生政権に対して非常に大きな脅威となった。1954〜57年の間、強盗たちは約30回も活動し、3回略奪し、5人（ラマ [bla ma, 転生活仏] 1人、牧民2人、商人2人）を殺害、2人に重傷を負わせた。また、カービン銃17丁、ピストル4丁、弾丸600発、人民元870元、銀元270枚、牛68頭、ラバ36頭、羊147頭、小麦粉や米など2000kgとその他を略奪した。これらの強盗を平定するため、1953年12月、県の公安局が各寺院と部落に入り込み、深く調査を行い、1956年まで、7人の強盗を逮捕した。1958年6月から8月まで326名のリーダーなどを批判闘争の対象とし、うち125名が刑罰を受け、59名が批判闘争後管制労働（すなわち監獄入り）とされた。1958年7月、ロンウ、オンジャ、ゴンシュウなどにおいて、反革命運動が引き起こされたが、公安部によってすぐに平定された。ロンウ村では58年10月反革命武装蜂起が起き、共産党幹部24名（うち同徳県幹部5名）、民兵31人が殺害された。これに対し1960年までに189人を逮捕し、うち煽動破壊者が187名、反革命謀殺1名、反革命強盗殺人犯1名とした。地域蜂起は1961年までに全て平定された。[沢庫県地方誌編纂委員会 2005: 20、382]

　実際、沢庫県では1959年に地域住民の地域蜂起を平定した直後、再び全県の人民公社化を進め、県内では6つの人民公社が成立し、4493世帯が入社し、家畜64万3799頭が人民公社のもの

第3章◆調査対象地域の現代史と社会構造

となった [沢庫県地方誌編纂委員会 2005: 20]。各地で宗教改革を行い、アムドではクンブム僧院（漢人は塔爾寺と呼ぶ）が破壊を免れたほかは、ロンウ大僧院などすべての寺院は閉鎖・破壊され、3328名の僧侶が強制的に還俗させられた [同仁県地方誌編纂委員会 1999: 40]。

　阿部は、当時の社会を論じて、20世紀半ばには、アムドでは「農奴」ではなく、独立農民がいたと主張する。青海省黄南チベット族自治州尖札県の1949年の革命直後の調査では、3402戸のうち93％を占める一般農家が耕地の80％を持っていた。戸数5％の中等農家が7％の耕地を、地主・封建領主は2％で3％の耕地を、さらに寺院は3％を持っていた [黄南州地方誌編纂委員会 1999]。90％強の農家が農地の80％を持っていたなら、（人身の自由のある）土地を持つ自営農民がほとんどであったと阿部は判断している [阿部2006: 268]。農民の階級区分は中国共産党の支配をさらに強めた。それは同時に伝統的なチベット的な価値観や習慣の廃止を伴っていた。

　大躍進運動によって大量の餓死者が出たことはよく知られている。政府の公式見解では、1957年から3年間の自然災害によって、農業生産が非常に打撃を受け、食糧が減り、農民生活が困難になったとされている [黄南州地方誌編纂委員会 1999：296]。社会的激動に自然災害や飢饉が重なり、大躍進期は「党・国家・人民に建国以来最大の挫折と損失をもたらした」とされる。毛沢東は国家主席の座を劉少奇に譲らざるを得なくなった [ユン・チアン 1993: 309]。

　ロンウ村は上述したように、総人口の半分が地域蜂起時代に死亡、行方不明、投獄され、ほとんど子供と女性しか残らなくなり、寡婦村といえるほどであった。村人によると、人民公社が成立し集団農牧業が強制された1959年から60年にかけての2年間、鎮圧時に成人男子が殺されたことから、大躍進のスロー

ガンのもと、集団労働はいっそう過重なものとなり、収穫が上がらないことから食料不足が悪化し、1人1日2両（100g）のツァンパ（ハダカムギの炒粉）しかなく、飢餓による死亡が激増した。1961年の西北民族工作会議後、1962年から一時的だが調整政策によって小規模の自営が認められ、生活が好転し信仰の復活もあった。だが、ロンウ村は労働人口の減少によって放牧家畜が減少したため、隣接する村はたえずロンウ村の区域内で放牧したが、ロンウ村はこれと争うことはできなかった。このためロンウ村の放牧地に別の村が放牧する慣習が生まれ、多くの放牧地が他村の放牧地になったという。このことが後述の牧草地をめぐる争いの原因の1つとなっている。

また、『沢庫県誌』は以下のように述べる。

　　1958年の宗教改革は、左派の思想上の間違いによって、民族地域の特色を無視し、多くの宗教上層の人々を逮捕し、集団的訓練を行い、管制的労働改造をさせた。特に反乱を平定した時、中国共産党政権を確立して以来ずっと共産党と密接に合作してきた宗教的上層の人物に対して激しい攻撃を拡大し、非常に大きな破壊をした。沢庫県民委員会の15名の民族宗教人物と、自治州の人民代表大会に出席する各民族代表の資格を取り消し、129名を逮捕し、全県チベット仏教寺院10座（ゲルク派7座、ニンマ派3座）を閉鎖し、ラマ51名のうち42名を還俗させ、僧侶774名のうち564名を還俗させた。
　　1961年西北民族工作会議後、民主改革の時と反乱の平定時期に間違って逮捕したもの、批判したもの、集団的管制労働させたもの等673名の民族幹部、民衆、宗教的人物に対して、再調査し、反乱平定の名誉を回復し、5つの寺院（ゲルク派4座、ニンマ派1座）を開放し、87名の僧侶の再出家を認め、同時に、22名の民族宗教界の代表が、自治州と県の政府部門で仕事を

するよう手配をした。

　1963年、県政府によって、宗教界の人物に「青海省仏教人物愛国公約」を学習させ、自覚を促し、愛国の情熱を向上させ、党と民衆の関係と民族関係が徐々に回復した。しかし、「文化大革命」によって、党の統一戦線が再び崩れ、宗教界の人物を「投降主義」と辱めて否定し、統一戦線の工作は半身不随になった。本来統一戦線の対象とすべきものを「牛鬼蛇神（ばけもの）」と名付け、批判し、独裁を実施した。寺院、宗教界の人物は「紅衛兵」と「造反派」によって捜査され、批判された。[沢庫県地方誌編纂委員会 2005：306]

2.2　文化大革命時代

　1966年、毛沢東は、政敵を排除して党内の関係を立て直そうとして、文化大革命（以下、「文革」とする）を発令した。最初の活動家は「紅衛兵」と呼ばれた若い学生たちである。彼らは、行政組織を攻撃するものを「造反派」、攻撃対象の党官僚を「当権派（実権派）」「走資派（ブルジョア）」、権力を奪うことを「奪権闘争」と呼んだ。紅衛兵は毛沢東がいう「党内に潜伏し、革命を潰そうとしているブルジョアや資本主義分子」を発見し、攻撃するために大衆を動かそうと努めた。

　毛沢東は自分の独裁体制を強化するため、社会的枠組みを破壊し、子供から大人までに、彼の言葉は真理であり、最高指示であるとした。「民族問題がまだ解決されないのは民族に反動勢力が残存しているからであり、その解決は階級闘争によってのみなされ得る」とし、結果的には、少数民族の伝統的文化の破壊、宗教弾圧、急激的な漢民族同化政策が進められ、少数民族住民の多くが迫害され、殺害されることになった [高崎 1994：306]。

　チベット高原の各地も、中国の漢人地域と同じく文革運動の

混乱に巻きこまれた。地方政府はチベット語に翻訳されたばかりの『毛沢東語録』を学習する勉強会を開き、各県から集落の隅々にまで社会主義と毛沢東の思想を伝えようとした。そして、四旧（旧思想、旧文化、旧風俗、旧習慣）を打ち壊すというスローガンのもと、各地域の寺院を1958年の民主改革に続いてもう一度激しく破壊し、宗教問題は政治問題とされ、階級闘争の対象とされ、僧侶等の聖職者は牛鬼蛇神とされ、監禁され、還俗させられた。村における伝統的な祭りも禁止された [デンチョクジャプ 2015: 246]。

　黄南州誌によると、1966年4月18日、青海省政府が黄南チベット族自治州に派遣した「四清[2]」工作団が州内各県で「四清」の運動を始めた。これが文革の始まりだった。紅衛兵は8月、従来民衆的リーダーとされた人々と僧侶を街中で引き回した。9月中旬になると、廟や寺院などを破壊し、四清工作団は年末になって撤退した [黄南州地方誌編纂委員会 1999: 42]。しかし、1967年1月全県下の、行政機関、人民公社、学校、農牧民地域において「紅衛兵」を名乗る戦闘隊が成立し、大字報を貼り、批判会などを行った。特に党内の資本主義者や僧侶に対しては、あらゆる「牛鬼蛇神」迷信を引っ張り出してつるし上げた。とりわけ北京や西寧などから来た「紅衛兵」は非常に激しい運動を行った。すべてを疑い、すべてを打ち倒すというスローガンによって、県内各地で政権を奪取し、各種の批判会を行い、特に県政府の指導幹部、人民公社の指導幹部などを繰り返し批判した [同仁県地方誌編纂委員会 1999: 48]。

　ロンウ村のC氏は、次のように述懐する。

　　文革は10年間の災難だった。ラマ、ホンポ、チュダなど少しでも地位のあるものは全部批判され、三角帽子をかぶせられ、村から追い払われ、昼は重い仕事をさせられ、夜はつる

しあげられ、批判された。宗教的活動は全て禁止され、全ての経典を焼き、毛沢東の写真の前で毎日の仕事を報告し、迷信を信じないよう宣誓させられた。[2014年5月4日聞き取り、ロンウ村の長老・元郷長、男性、71歳]

ゴールドスタインの『チベットの文化大革命』では、チベット自治区のニェモ県における事件が記録されている。そこでは、尼僧や英雄戦士の霊媒師、そしてギェンロ派の代表者数人が、「内部の敵」、もしくは、もっと仰々しく「悪鬼悪霊」と名付けていた人々を殺し、手足を切断する事件が頻発した[ゴールドスタイン 2012：189]。

結局、沢庫県では1966年から1976年10月の「文化大革命」中「走資派」を批判し、階級集団を徹底的に整理する運動が行われた。沢庫県の紅衛兵組織によって合計137名、反動富牧6名、悪質分子4名、敵傀儡軍・政府・憲兵の国民党と三民主義青年団の中堅分子3名、その他11名（うち1名自殺）が審査された。「一打三反」の運動を広く行い、政治的経済的に問題のある者として民衆627名（そのうち反革命は268名、汚職とその他は359名）を摘発し、敵対矛盾者として338名を処理、人民内部の矛盾者として171名を処理した（ここでの処理は殺害を意味する）。

1980年9月、県の規律検察委員会が回復して県政府と政策事務室で業務を行い、「文化大革命」の時の冤罪、誤審などの残された歴史的問題に対して再審理を行った。1987年まで398の事件を受理し、再調査したところ、冤罪事件は318件、一部是正したものは19件あった。関連する機関の規定によって、引退23人、退職16人、復職28人、経済補助106人、死亡23人、給料回復38人、政治経済結論を変更したもの14人、党と団の籍を回復したもの56人、無罪61人とされ、その他に7人が処理（殺害）されたとされている[沢庫県地方誌編纂委員会 2005: 310]。

中国政府は1981年6月29日の中国共産党中央委員会第6回全体会議の「建国以来共産党の歴史問題の決議について」によって、全体的な問題に対して説明したが、少数民族地域における文革については以下のように述べる。「過去において、特に文革時代、われわれは階級闘争の拡大の過失を犯した、これによって、多くの少数民族の幹部と民衆を傷つけた。工作中少数民族の自治権利を尊重しなかったことに対して必ず率直に銘記する」。これで文革の誤りを正式に認めたことになった [次仁夏加 2011: 387]。

2.3　改革・開放と生産責任制の導入

　1976年の「四人組」の逮捕によって文化大革命が終結した2年後の1978年、中国共産党の第11回中央委員議会の第3総会（いわゆる「11期3中全会」）で、画期的な「改革・開放」政策が発表された。それは少数民族にとっては、農牧業の自営のほか、言語と宗教生活、芸術、演劇、方言使用を含む文化が復活し、伝統的習慣が反革命として批判されることはなくなることを意味した。つまり、少数民族の民族性が尊重され、支持されることであったが、それがチベットの村落レベルで実現するのは1980年代であった。チベット地域では、仏教とボン教寺院の再建、村落共同体の復興、住民による信仰の自由、個人の受戒、教育や儀礼的生活等を自由化する大きな動きが起きた。チベット人地域には、伝統的な儀式・習慣・信仰などの自由が復活したのである。

　1978年末、中国共産党11期3中全会では鄧小平の主導によって「農村人民公社条例」と「農業の発展を速めることについての中国共産党中央政府の決定」が行われた。これによって農業の生産責任制（生産請負制）という改革方向が打ち出された。1979年中央政府によって「農村問題に関する座談会紀要」が公

布され、山地や辺鄙な地域では生産責任制を実施することを認め、1980年には貧困地域でも実施することを認めた [黄南州地方誌編纂委員会 1999: 218、298]。

　胡耀邦が1980年5月29日のラサ幹部集会で行った報告は「六カ条の大事」といわれる。それはチベットにおける「文革期」に対する決別の声明であった。数々の冤罪事件の名誉回復、無償労働の廃止、徴税の緩和、日用品の供給、チベット語の公用語としての地位回復、漢民族幹部の引揚促進とチベット人幹部の登用などがその主要な内容である。また、生産計画の自主的な決定があり、生産責任制の導入、自留地（自留畜）の10％の保証、食糧などの強制買付けの廃止、小売行商の自由化などが行われた。これら経済的自由化政策は、青海、新疆、内モンゴル、甘粛などでも同じような効力を持つものであった [阿部 1983: 53]。

　1982年、中央政府は正式に生産責任制を採用することを決定した。1982年12月、第5期全国人民大会第5会会議で採用された「憲法」は、農村人民公社の政社合一を改変して郷政府を設置することを明確に規定した。1984年「中国共産党中央政府の農村における通知」では生産責任制度をさらに拡大し、全国で耕地の請負制を徹底的に実施することを決定した。1984年には全国の99％の生産隊が家族生産責任制を実施し、全国の人民公社体制は全面的に瓦解した。また、1984年中国共産党中央政府は土地生産責任請負制の期間は一般に15年以上であることを決定した [ガザンジェ 2016: 38]。

　改革・開放後、それまで人民公社体制下で実施されていた集団化経営が転換され、農牧民の自主的な生産が可能である家庭請負制が実施された。それは「責任明確、方法簡便、利益直接」という利点を持っていたが、全国的に普及したのは1983年からであった。「農牧民は農地と家畜の管理を強化し驚くほどの増

産に成功した。これは集団化よりも個人経営の方が、生産性が高まることを証明した」[Manderscheid 2002: 278]。このような変化は、全国的に進行した経済システム改革の一部であった。

　沢庫県誌によると、1984年10月27日沢庫県政府によって、全面的に「牧草地請負、家畜の作価帰戸」生産責任制の実施が決定された。その後、自治州と県政府の代表によって、沢庫県ドアモ郷で「双包」責任制を試み、「牧草地請負、家畜の作価帰戸」の生産責任制を実施した。そこでは牧草地を世帯ごとに分けて使い、自建自営は30年間変わらないものとし、家畜は世帯に分け、私有私養とした。そして、家畜の料金は分割で払う、集落集団の費用は実際の需要によって集める、牧草地の管理費もまた牧地総面積の割合によって集める。全て請負制であり、牧業や羊毛などの税金は産量によって支払うものとした [沢庫県地方誌編纂委員会 2005: 39]。

　ロンウ村の場合は、生産責任制の実施とともに、1958年に成立したニンシュウ人民公社をなくしてニンシュウ郷とした。また、以前の政府が付けた「紅旗」、「東風」という名前から元の氏族の名前を回復して6つの行政村が成立した（本章第1節を参照）。

　村内は共産党支部書記、村長、副村長、団委書記、女性主任の5人のリーダーによって管理されるようになった。これら全ての役人は、村内で選挙によって選ばれなければならない。特に、党支部書記は党員の中から、団委書記は団員の中から選挙される。

　自由的生産請負制の導入後、村人の生産意識が強くなり、個々の判断によって家畜の管理と放牧を行い、以前と比べて生産量が高くなり住民の生活が豊かになったことは周知の事実である。しかしこの後、農耕地域における灌漑水をめぐる紛争や、牧畜地域における家畜や放牧草地の境界線をめぐる紛争が頻発

した。1983年当時は、村内に党支部書記と村長しかおかれていなかったが、行政機能が小さすぎ、行政は村社会を隅々まで支配することはできなかった。放牧地の管理や紛争、そして村内のトラブル等の調停や防止のため、慣習法とともに長老会やキュダなどの伝統的な組織も回復した。

このように、行政村には政府によって設置された党支部書記などの役職以外に、伝統的組織である長老会やキュダ、寺院等が回復して、トラブルや紛争を調停してきたのである。

3　ロンウ村の社会構造

3.1　生業

沢庫県の主生業は基本的に牧畜業である。しかし、近年比較的標高の低い地域ではアブラナを商品として栽培する。ロンウ村はこの地域の中でも最も純粋な牧畜地域として知られる。村の総面積は4万4410haで、牧畜利用面積は3万9654haである。ロンウ村は海抜3400～3500mで、気温は温暖で乾燥し、蒸発が強く、多風である。草の成長日数は150～170日で、成長期は夏の初めであるため、7月～8月は、広い大草原は特に百花斉放で非常に美しい。この地域の草の丈は、長いもので約50cm、短いものは20cmぐらいである。1ムー当たりの草の産量は平均144.16kgで、そのうち可食草は135.39kgあり、10.78ムーで1頭の羊を飼える。草の重量からすると、イネ科は59.58％、ハマスゲは12.51％、豆科は2.61％、その他の可食草は19.20％、不食草は2.19％、毒草は3.91％である [沢庫県地方誌編纂委員会 2005: 105]。

沢庫県では、オンジャ村が例外的に現在も伝統的習慣に従って放牧地を各戸分割せず、季節ごとに集団で移動する形の放牧を行っている。もちろん、地方政府は1990年代から牧草地の家

庭分配を行ったが、地域紛争等が発生しない限りは集団的放牧もできるという。ロンウ村も2000年までは放牧地の家庭分配をせず、集団的に冬と夏の放牧地に移動して、いわゆる季節的移動をしていたが、後述の紛争事件が解決した2000年以後は、すべての放牧地を家庭に分割して、個々の区域内で放牧している。この場合は、家庭によって夏と冬の放牧地が近いものもあれば、10kmも離れている場合もある。

1958年以前、ロンウ村はザング（村長）とキュダ（家畜管理者）たちの指導によって、四季遊牧であったが、改革・開放後からレンガで固定家屋を作る牧民が増えてきた。特に2003年から実施された「退牧還草」や「生態移民」等の政策の影響によって、冬は定住し、夏はテント生活を送っている。

最も重要な家畜はヤクと羊、そして馬である。ヤクは体が大きくて毛が多く、四肢が太くて丈夫であるが、これらの特徴は現地のチベット人に巧みに利用されている。例えば、毛が長いことによって高原の厳しい気候に適応し、また寒い冬は生殖器や乳房が保護される。また、ミルクやチーズ等の畜産品を得る以外、常に放牧のために移動する牧民にとって、交通の不便な山道でヤクは非常に優れた運送手段である。

そして、在来種の羊も生存能力が高く、抵抗力が非常に強い。メス羊は基本的に7月～8月に妊娠し、冬12月の－25℃の気温の下で子羊を産む。この場合、人間が少し世話をすれば、子羊の生存率は高まる。また、羊は年間に夏と冬の2回の発情期がある。冬の場合は、11月～12月に妊娠して、翌年4月～5月に子羊を産む。ロンウ村周辺の羊は、青海省地域チベット羊の中で第一といってもいいぐらい非常に有名である。

馬は馬格が比較的小さい種である。平均的な体の高さは約132cmで、体長約139cmである。村人によると、このあたりの馬は記憶力が非常によく、夏と冬の放牧地の飲水点や食草地を

覚えている。特に成年の馬は聴覚が強く、寝ている時も周囲の物音にすぐ気づき、異常な状況に対しては頭を上げ鼻息を荒くして警戒するという。

　牧民たちは1980年代までは、木の桶に牛乳を入れて攪拌しバターやチュラ[3]を作っていた。しかし、1980年代以降、遠心分離器、太陽光発電、小型発電機、バイク、トラクター、製粉機等の導入が多くなった。特に近年牧民は馬の代わりにバイクを使うが、ロンウ村の場合、牧民がバイクを買う時ザング（tsangi＝村長）に現金を渡して買ってもらう。ザングが家までバイクに乗ってくるのは一種の幸運を願うためである。

　また、草原を破壊する害虫やナキウサギは牧民の難題である。沢庫県誌によると、モグラジネズミは土の下で交錯した網のような巣を作り、非常に破壊力が強い。ナキウサギ52匹の採食力は羊1匹に相当し破壊的であるという。県政府は1980年代からこの地域に草原管理所を設置し、牧民の放牧管理や除虫等に役立てようとしている。そして、同じ頃から内モンゴルでの経験に基づいて、退化している草原を有刺鉄線で囲み、県内草原面積8万2000haを保護した [沢庫県地方誌編纂委員会 2005: 111]。

　ヤクや羊等の家畜の糞は、燃料として牧民地域で広く活用されてきた。牧民はテントの中心に粘土のかまどを作り、その左側は主婦等の女性、右側は男や客が座る空間とする。女性は乾燥した糞を燃料としてミルクティーや肉料理などをそのかまどで作る。ナムタルジャは、沢庫県のメシュル地域におけるヤクの糞の利用について注目し、牧民地域の社会変容を論じている。彼によると、「冬期のヤクの糞は燃料として使われる他、かつては家畜の囲いや壁等を作るのにも用いた。また冬は、糞を用いて様々な台や棚が作られる。それらは青海省におけるチベット族の牧畜地域で広く活用されている。例えば、仏壇、茶碗、調理用具を置く台、正月などに使うテーブル、そして肉を

保管する貯蔵庫や犬小屋なども作られる。また、冬営地に移動したらまずテントを張る作業を行うが、地面が凍っているため、木製の杭を地中に打ち込むことができない。そのためチャク（'khyag）という糞で作った支えを用いてテントを固定する。さらに、家畜をつなぐ時にも用いるとされている」[ナムタルジャ 2017: 75]。このように、牧民は家畜から得られる毛、皮、乳、肉、骨、糞までを資源として使う。

　チベット族の社会では、男と女の役割ははっきり分かれている。基本的に男の仕事は、放牧、屠殺、去勢、宗教的活動（女性も参加するが、女性が禁止されている事項は多い）、商売などである。女性は主に家事を行うが、仕事の量は男性に比べて非常に多い。例えば、放牧（男性が家にいない時等）、搾乳、バターやヨーグルト作り、糞の収集、水汲み、子供の世話、裁縫等である。一般的に出稼ぎは賤しいものとされ、自給自足の生活を好んで放牧を行ってきた。

　その一方、改革・開放政策の実施後、市場経済が浸透し、教育、病院への通院、基本的な生活用品の購入等に対する貨幣の需要が上昇してきた。以前は出稼ぎを蔑視したものであるが、近年は出稼ぎに出る人が増加し、特に5月から7月までの冬虫夏草の採集期は村民の80％は採集地域において大金の入場料を払って採集に従事する。またロンウ村は野性キノコの産地であり、ゴロクまで走る寧国自動車道路を通るとロンウ村の牧民が路上でキノコを販売する光景が見られる。

　以下では、D氏一家を事例にして牧民の経済状況を見てみよう（図2参照）。

　　D氏は長男で、分家後一家は6人（D氏の母、D氏夫妻、3人の子供）で生活していたが、姉が離婚して2人の娘をつれて家に戻ったため、現在は一家9人が一緒に2000年に沢庫県政

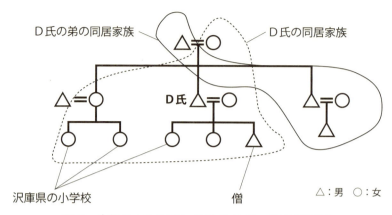

図2　事例1：セルワン2社のD氏一家の家系図

府が建てた生態移民の住宅区で生活している。D氏の母は、D氏を含めて兄弟3人の子供3人を学校に行かせるための世話をしている。次男であるD氏の弟一家は牧民として村の放牧地で生活している。D氏の姉はレストランで仕事をしており、一日の給料は50元である。D氏夫妻は建築関係の仕事をしており、一日の給料は100元である。姉とD氏夫妻の給料を合わせて、年間収入は約3万元であるという。D氏によると、彼ら3人は冬虫夏草の採集時期は毎年採集に行くが、毎年の採集量や値段が不安定なためその収入も不安定である。去年は3人で3万5千元儲けたという。D氏の弟一家は牧民としてヤク30頭、羊10頭、馬1頭を飼っているが、基本的に家畜や畜産品を売るしか現金収入はないという。[2014年8月2日聞き取り、牧民、男性、28歳]

　D氏の事例は典型的な貧困家庭である。彼ら夫妻と姉とを合わせて賃金が3万元、冬虫夏草の収入が平均3万元あるが、家族9人の生活費を引くと残余は全くない。彼の弟の場合も現金収入がなく、生活が苦しいことは明らかである。沢庫県は生態移

民用にロンウ村に2000年から2004年にかけて約300戸のレンガ造り70m²の家を建てたが、貧困家庭がその家を売る例もある。その結果、現在ではほぼ200世帯が沢庫県で生活している。

　収入がごく少ない家庭でも、子供に学校教育を受けさせるため県政府所在地に移住するケースが増えている。筆者の調査では経済的に豊かな家は稀であり、多くの家庭はD氏のように冬虫夏草による収入が中心となっている。市場経済の発展とともに、牧民たちの中には冬虫夏草の採集を含めた出稼ぎに行くものが増加した。

3.2　学校教育

　中国では6歳時から学前班といって小学校に入る前の予備学年として1年間勉強し、7歳から正式に小学校に入学する。小学校は基本的に6年制である。13歳で中学校に進学し3年間学ぶが、ここまでの9年間は義務教育である。その後高校に進学し、卒業後全国統一の大学受験に参加し、総合科目の点数によって希望する大学に進学する。青海省地域は西北地域[4]のうち、とりわけ5省区（チベット自治区と、甘粛省、青海省、雲南省、四川省の4省）に属しており、1982年から実施された5省区の統一教育計画が実施されている。現在、これらの少数民族地域の小学校の科目は中国語、母語の民族語、算数、美術、体育、社会と道徳、音楽、英語（3年生から）である。

　農村地域では、行政村ごとに小学校が設置されているが、牧民地域は世帯が分散化しており、基本的に寄宿制である。ところが、都市部の小学校と農牧民地域の小学校の教育は質的に大きな差があり、例えば、農牧民地域では英語、美術、体育などの科目は実質上週2回ぐらいの授業しか行われないし、それも専門の教師が行うものではない。したがって、多くの家庭は児童を都市部の小学校に通わせようとする。しかし、辺鄙な地域

の牧民にとって、児童を都市へ通わせるための費用の負担はあまりにも大きい。

　中央政府は2001年から西北地域の貧困家庭に対して、学生の学費と教科書の費用を免除し、寄宿費用や生活費を補助するという「両免一補」の政策を開始した。特に2006年からは、中小学校の学費全免政策を実施して牧民の学費の負担を減少させようとした。

　現地教師のG氏は次のように語る。

　2000年以前は、牧民にとって学校教育は必要であるとは思われていなかったので、学校にはほとんど学生がいなかった。我々が個々の家まで行って牧民と交渉し、学校教育の重要性を伝えながら学生を集めた。ある牧民は、子供を学校に行かせない理由として、学校は村の決まりや祖先の文化等に反発して内地の漢民族の悪習を身に付けさせていると言った。確かにそのような場合もあったかもしれない。しかし、牧民として一生文盲の生活を送るより、学校教育を受けると、将来仕事を身に付け父母にも恩返しできるし、社会に必要な人間になれる。最近は政府の政策等によって牧民の生活が豊かになり、牧民の教育意識が高まり、自主的に子供を学校に連れてくるようになった。沢庫県では、現在は牧民の99％は子供に学校教育を受けさせている。[2015年7月14日聞き取り、小学校主任、女性、53歳]

　ロンウ村では現在、3つの小学校が設置されている。カチョン小学校、マニチュコル小学校（写真4）、セチョン中心小学校である。それぞれの小学校の2014年から3年間の児童数は表3のとおりである。

　ロンウ村の児童はこれら3つの小学校のほか、沢庫県政府所

表3　ロンウ村における小学校の年度別児童数

学校	2014年 男	2014年 女	2014年 計	2015年 男	2015年 女	2015年 計	2016年 男	2016年 女	2016年 計
カチョン小学校	225	198	423	228	205	433	230	227	457
マニチュコル小学校	120	119	239	128	128	256	139	143	282
セチョン中心小学校	172	151	323	177	171	348	203	206	409

写真4　ロンウ村のマニチュコル小学校

在地の城関小学校にも約200人が通学しているという。表3の児童数と城関小学校の200人を合わせると総数1348人（2016年）となり、ロンウ村の戸数（総戸数1532）からすればほぼ1世帯に1、2人の子供が学校教育を受けていると推察できる。また、表3によれば、2014年の総数985人が2016年になると総数1148人と、163人も増えていることがわかる。

第 3 章◆調査対象地域の現代史と社会構造

写真 5　民間の教育支援組織の顕彰会

　2014年8月6日、筆者がロンウ村を訪ねた時、村人は教育に関する民間活動を行っていた。それは、ロンウ村の小学生から大学生までの中から年間優秀学生を選び、学習賞を与える活動であった（写真5）。この活動は毎年行われ、ロンウ村の活仏、知識人、ザング等が参加し、教育の重要性を発言し、子供たちに学習に励むよう激励していた。
　また、学校におけるチベット語やチベット文化に関する教育について、S氏は次のように話した。

　　チベット語の教科書はほとんど、最初は中国語の本を編集してそれをチベット語に翻訳したものであり、基本的に中国の現代化教育を受けている。即ち、チベット語の教科書でありながらも、チベットの伝統文化よりも中国漢民族の文化に偏っているのである。学校の教師間の一致した意見は、現代

の5省区統一教科書よりも昔のチベット語教科書の方が子供たちにとって有益だというものである。しかし、中学や高校等の試験は国定教科書に基づくから、国家教育の政策に従って授業せざるを得ない。それが我々の義務である。[2015年7月15日聞き取り、小学校教員、男性、31歳]

　しかし、もっと深刻な問題は教育の質と漢語化である。2010年青海省政府は「青海省中長期教育計画と発展計画綱要」を発表したが、その主な内容は、これからは少数民族の学校でも漢語を主にする教育方針で学習させることであった。これに対して同年10月、黄南チベット族自治州、海南、海北、ゴロク等のチベット族自治州で中学生や高校生の反対デモが発生した。しかし、デモが一旦鎮まると、政府によって決定された教育方針が進められた。現在は上述した5省区統一教科書を使っているが、チベット語の教科書以外は全て漢語で学習する。唯一のチベット語の教科書もS氏が述べるように漢語から翻訳されたものであり、結果としてチベット文化を習得することができない。
　このような背景のもと、自治州では各地域において、チベット語教育の支援を行っている。ロンウ村でも上述の民間教育支援以外に、夏休みや冬休みの時間を利用して、大学生のボランティア支援隊によって、チベット語を中心として中国語、算数等の無料塾を行っている。

3.3　宗教的活動

　チベット族は長い間政教一致政権のもとで仏教寺院を中心として、政治、経済、文化的な活動を行ってきた。また、チベット人地域にはチベット仏教以外にも、チベット族の原始宗教ともいわれるボン教、そして自然崇拝等の信仰が存在する。
　基本的に農耕地域であれ、牧畜地域であれ、集落や集落連合

体ごとにチベット仏教、もしくはボン教の寺院が存在する。各地の年中行事や人生儀礼もある種の宗教活動である。黄南チベット族自治州ではおよそ70以上の寺院が存在し、その多くはチベット仏教ゲルク派に所属する。

(1) ウグ（bu dgu）寺院

ロンウ村のウグ寺院（写真6）は、沢庫県政府所在地から約130kmのロンウ村西北部の同徳県領域内に位置する。1949年、この地域で最も尊敬されているシャルラマ7世によって建設されたもので、ロンウ大僧院[5]を本山とするゲルク派寺院である。1958年の民主改革以前は、僧坊300戸と僧侶350人を擁し、建築面積は約6.6haであった。民主改革によってウグ寺院は破壊され、宗教活動は30年余り禁止された。1985年4月18日に再建され、宗教活動を再開した。現在は僧侶約240人、ラマ（転生活仏）3

写真6　ロンウ村のウグ寺院

人である。これら全ての僧侶とラマはロンウ村の出身である。

ウグ寺院のラマであるD氏は次のように述べる。

　ウグ寺院は、1997年からツンニェダツァン（顕教学堂）が造られ、僧侶共同体のツォチェンによって管理されている。つまりゴンダ（貫主）、ツッシャラマ（座主）、カンボ（院長）、ゲケイ（法規維持員）、ウゾ（主任）、ニェルワ（会計）等によって管理される。これらの管理人は全寺院の僧侶から選出され、貫主によって任命されるのであったが、現在は（中国共産党主導の）寺院管理委員会が設置されており、例えば、5人の役人の選挙は寺院管理委員会から示された6人の候補者の中から選挙するものとなっている。2000年前後は僧侶の数は非常に少なかった。私が戻ってきた（インドのダラムサラで14年間修行してゲシェの学位を取って2007年帰国）時、80人ぐらいしかいなかった。その後、私の前で出家した者は約130人である。その時から政府は僧侶の数を限定しているが、実際、寺院は出家数を限定することはなかった。現在の出家は平均毎年15人から20人であり、還俗するものは2から3人である。[2016年11月8日聞き取り、ウグ寺院のラマ、男性、47歳]

ガザンジェは、黄南チベット族自治州同仁県シュンポンシ村の事例について報告している。民主改革以前は、寺院の出家者には5～6歳の子供が多くいたが、文革後、小学校や中学校卒業後から出家するものが増え、1980年代以降は小学校や中学校卒業後僧侶になるのが一般的であるという [ガザンジェ 2016: 107]。D氏によれば、ロンウ村の場合は学校に行く者は別にして、一般的な出家者としては5～10歳の子供と、60～70歳の老人が多いという。

表4 ウグ寺院内部の法事や学期

1月	12日〜15日がモラムチェンモ（祈願法要）であり、12日集会、13日礼拝、14日タンカ公開、15日弥勒回り
2月	11日〜4月19日が春の経典や弁論学習期
3月	（経典や弁論学習期）
4月	春の試験期、14日から5月まで六字真言や断食等の修行期
5月	15日間の祈願読経
6月	14日〜8月16日が夏安居
7月	教典や弁論学期
8月	夏の試験期
9月	15日〜10月25日が冬1回目の経典や弁論学習期
10月	25日ツォンカパ記念祈願会
11月	冬2回目の経典や弁論学習期
12月	冬の試験期

　チベットの寺院は伝統的な地域住民の教育機関でもあり、出家することは教育を受けるとともに社会的地位を獲得することでもある。出家は男性だけではなく、女性もできるが、尼僧院は圧倒的に少ない。現代の大学と同じく、寺院では学堂ごとに専門分野が設置されており、各寺院の影響力によって専門分野の数が異なる。例えば、アムドで有名なラブラン僧院やロンウ僧院等には、顕教学堂、時輪学堂、医学学堂などが存在し、これらの各学堂において学制、試験、学位等が決められている。ウグ寺院は顕教学堂だけであるが、その法事や学期は表4の通りである。行事はチベット暦である。

　僧侶たちは表4にあるように修行し、上のクラスに行くとともにその地位も高くなり、初期の（料理やお茶入れ等の）仕事から座主や貫主になることができる。また、表4の内容は寺院内部の活動であるが、民間から法要等を依頼された場合、各クラスから僧侶2名が選出されて依頼に応える。

　ロンウ村は、全ての村民がゲルク派を信仰しており、家庭の

法事も全てウグ寺院の僧侶によって行われる。また、各テントや家では釈迦牟尼、ツォンカパ、ダライラマ、パンチェン・ラマ、および各大僧院のラマの写真や仏像などを祀っている。人々は日常的に五体投地、読経、断食、巡礼、サンを焚き、守護神や山神を祀るなどの宗教的活動を行う。それ以外の年中行事や人生儀礼に関する法事はウグ寺院によって行われる。ロンウ村はウグ寺院のラデ（施主）であり、ウグ寺院の建設等に関する経済的な問題に関してはロンウ村に義務があり、ロンウ村の日常的法事に関してはウグ寺院の僧侶に義務がある。

(2) アミクル（a myes gur）[6] 守護神

モンゴル帝国時代、現在のロンウ大僧院を建設したサムテン

写真7　ロンウ村の守護神アミクル

第3章◆調査対象地域の現代史と社会構造

写真8　2015年に完成したアミクルの廟

　リンチェンの祖先であるラジェダナワがパスパの命に応じてこの地域に来たが、このラジェダナワを現在も人々は敬慕し、祀りの対象としている。

　ロンウ村のアミクルという守護神の像（写真7）は、ラジェダナワが当初サキャから持ってきたものであるといわれ、経典や社会を守る守護神としてロンウ村の人々によって非常に深く信仰されている。1958年の民主改革の時、村人は谷の中に大きな穴を掘ってその像を土に埋めたが、のちに誰かが掘り出して行方不明になった。しかし、1980年代に沢庫県政府が保存しているのが発見され、ロンウ村に返却したという。

　アミクルの像は、近年までモンゴル式のゲルを張って設置され、管理人としてウグ寺院から4人の僧侶が選出されていた。彼らは毎年アミクルの像を担いでロンウ村の各集落を回り、全ての信者が参拝できるようにし、寄付された金を使ってバターランプや法器を購入していた。ロンウ村の人々はこのアミクルには不思議な力があると信じている。

ロンウ村のL氏はアミクルについて次のように述べる。

　アミクル像に五体投地をし、六字真言を唱えて時計回りに巡礼することで不思議な出来事がいっぱい起きた。例えば、ロンウ村の隣村であるホル村のホンポ（村長）は病気になった時、アミクルを信仰し、五体投地して病気が治ったという。現在も近隣地域から多くの信者が来て何年も続けて巡礼したり、五体投地したりしている。[2015年9月3日聞き取り、牧民、女性、79歳]

筆者が2014年にロンウ村へ行った時、村長たちはこのアミクル守護神のために廟を建てる計画を立てていた。2015年、再び筆者がロンウ村を訪ねた時は、すでに廟（写真8）が完成していた。

（3）ツェディリ（rtse 'dus ri）聖山
　ツェディリ山はロンウ村の中心部に位置し、海抜3800mである。ロンウ村の人々は、この山にはネェンポツェジャディリ（gnyan po rtse rgyal 'dus ri）という山神が住んでいると信じている。ロンウ村では毎年旧暦の7月17日に全村の男が馬やバイクに乗って山へのぼり、サン（bsang）[7]を行い、大量の酒を撒き、タルチョ（dar lcog）[8]を張り、ラツェ（lab tse）[9]に刀や槍の模型を突き刺し、「ラジャロー（神が勝つ）」と叫ぶ。基本的に山神には個々の決まった祈りの文句があるが、ロンウ村の山神に祈る文句の一部は次のようである。
「地域の住民に無病を、長生きと豊富な穀物を、干害や豪雨がないよう、適量の降雨を、村内に団結を、外敵を静めるよう、願い通りになりますよう……」
　このように、村人はサンやラツェ等を捧げ、祈りの文句を読

んで平和と幸運、そして無病息災などを祈願する。また、現在は爆竹になっているが、近年まで牧民は皆火縄銃を持っており、ラツェを突き刺す日に男たちは銃を空へ放ち、馬術や競馬をすることがあった。こういった行事はチベットの各地にあったが、チベット人の男らしさを表す行為であると思われる。

　現在もこのような山神の信仰やラツェを捧げる行為はチベットの各地域にある。非常に有名な山には巡礼の習慣もあるが、山巡礼の年と湖巡礼の年があって、それに従って各地から巡礼者が訪ねる。チベットの山神の中でも非常に有名なのは、例えば、ヤラシャポ（yar lha sham po）、ネェンチンタンラ（gnyan chen tang lha）、マチェンボンラ（rma chen sbon ra）等である。

3.4　婚姻と家庭関係

　黄南チベット族自治州地域では、農民地域も牧民地域も基本的には同じく一妻一夫婚である。稀に、一夫多妻の事例が存在する。一妻多夫婚はこの地域では行われない。また、妻が死んで夫が再婚することはあるが、夫が死んで再婚した妻は社会的に差別されることがある。ロンウ村の場合は、結婚は父母の希望によって世帯同士の話し合いによって行われることもあるが、近年は恋愛から結婚に至るケースが多い。

　チベット文化圏では「骨」と「肉」の観念が存在するが、それは子供がその両親から引き継ぐ一種の概念上の資質であり、父の「骨」が子の「骨」となり、母の「骨」は子の「肉」となる。原則的に、同じ「骨」を持った人間同士は結婚できない。棚瀬によると、インドヒマラヤのチベット文化圏では、同じ「骨」を有する男女は、たといかなる血縁関係も認められないとしても、決して結婚してはならない [棚瀬 2001: 76]。

　ロンウ村の場合はこれとはかなり異なり、リパ「骨」の意識は存在するが、これは氏族のことである。一応結婚相手の氏族

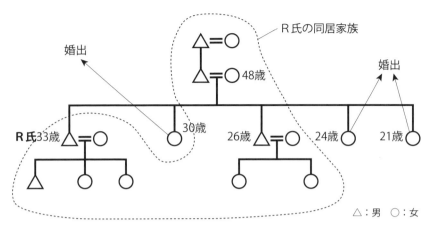

図3 事例2：セルワン第2社のR氏一家の家系図

を調べるものの、原則的に5親等を超えれば結婚することができる。また、村内婚を好ましいとする。

ロンウ村では現代に至って核家族が増えつつあるが、未だに核家族よりも複合家族の形態が多い。

事例2のR氏一家（図3参照）はセルワン集落の第2社に所属するが、典型的な複合家族である。筆者の調査では、このような複合家族はロンウ村では稀ではなかった。長男のR氏の妻と次男の妻はともにロンウ村内の人であり、既婚の妹3人も村内で結婚している。ロンウ村では上述したように村内婚姻が一般的である。

筆者がロンウ村に所属するセルワン集落全世帯153のうち第2社の全32世帯を調査したところ、ロンウ村内部で結婚している者が圧倒的に多かった。村外からの婿入りや妻をもらったものは4ケースだけである。とりわけゴンコンマ村については後述の紛争の影響が非常に強く、事件解決後10年以上が経っているが、ゴンコンマ村との婚姻のケースは全くない。

筆者が村内婚姻について村の長老に話を聞いたところ、次の

71

ようであった。

　ロンウ村は近年まで、結婚に関してはそれほど厳しくなかった。しかし、ゴンコンマ村との紛争が解決した後、村内でザングと長老会の決定によって、基本的に村内婚を原則とすることになった。結婚式の結納金については、現在も100元（日本円で約1600円）を超えないようにしている。これは当時結納金が段々大きくなったため、100元の習慣を作ったものであるが、現在は村外の者と結婚する時もこの金額に従って行っている。外部の人々からは「ロンウ村の女は安い」と笑いものになっているが、同時に外部から結婚相手を求める者も多くなった。最近、我々はこの100元の決まりは良くないと思って変えようとしている。[2014年5月5日聞き取り、C氏、ロンウ村の長老・元郷長、男性、71歳]

　C氏が述べるように、ロンウ村の婚約に際しては婚約者や家族の話し合いにより、互いに金額を払う場合は100元と制限されている。しかし、女性（男性）は家から分けてもらった家畜や珊瑚等の飾り物を持参金として男性（女性）の家族の一員となる。また、式は嫁をもらう場合は男性の家で、婿（マクパ）を取る場合は女性の家で一日がかりで行う。以前は親戚や友人が家畜を贈ったが、現在はほとんど現金に変わっている。

　中国政府は1975年から人口の抑制のため「計画出産」政策をとり、内地（漢族地域）では一人っ子を原則としていたが、チベット族など少数民族の場合は2人目を産むことが許された。出生数がこれを超えると、当初は罰金として150元が科されたが、1980年代になると罰金は1000元に上がった。沢庫県誌によると、「1987年8月、黄南チベット族自治州の工作団によって沢庫県は計画出産のモデル地帯とされ、西寧市母子保健病院の手

術隊と州の専門者が2カ月間の工作を行った。この2カ月間に卵管結紮術を行った者は710人、避妊リングを装着した者は350人、その他の手術を行った者は35人とされている」[沢庫県地方誌編纂委員会 2005: 480]。

　ロンウ村でも現在50代の女性で手術を行った者が数人いた。しかし、上述のR氏の事例では、R氏は33歳で、彼の兄弟の中の末の妹は21歳である。つまり1984年から1996年の間の計画出産政策が最も厳しい時期でも、彼らの母親は5人の兄弟を生むことができた。この時期、政策への対策として多くのチベット人、とりわけ遊牧民たちは、結婚登録や出産登録をしなかった。したがって、政府に届けることなく5人から10人の子供を産んでいるケースも多く見られた。

　かつては結婚届そのものがなく、離婚も非常に容易であった。財産と子どもの扶養などの問題は二人の間で決める。喧嘩や争いなどがあった時は長老会やスパ（調停者）によって解決される場合が多い。子供が幼い時は母親が連れて出るが、一定の年齢に達していれば男子は父方、女子は母方が引き取る。妻は本家に戻り、連れ子をして戻った時も、子供の保護者は母親の男兄弟である。家族の財産の分配については、連れ子も他の子供と全く同じ権利を持っており、離婚した女性が再婚する時も本家は婚資を与える。

　親戚については一般的には、父方母方とも上下各5世代以内は大切にする。血縁関係が近ければ近いほどその義務が強く、付き合いが頻繁になる。特に分家した兄弟や姉妹はお互いに助け合いをし、経済的な協力を含めて困難な時に助け合うことが義務となる。財産をめぐる紛争は非常に稀である。

4 小 括

　1949年中華人民共和国が成立し、1950年代から中国解放軍が青海省チベット族の各村に工作団体を派遣して進駐し、初期の農牧業の改革を行った。ロンウ村はそれまで、レプコンのナンソ政権の支配下にあった。各村落に派遣された工作団体は、「不分不闘、不劃階級」、「牧民牧主両利」等のスローガンのもと、政策と並行して初期の合作社を成立させ、それに続いて高級合作社を合併して人民公社を組織しようとした。

　とりわけ1956年から1959年にかけて中国共産党は反右派闘争と地方民族主義に反対する運動を起こし、伝統的な村社会の構造を破壊し、宗教改革を行った。これに対してチベット人の武装蜂起がアムド各地で起きた。ロンウ村では、1958年からほとんどの男が地域蜂起に参加し、激しい鎮圧によって村の人口は以前の2500人近くから1000人余に激減した。ロンウ村はこのように子供と女性しか残らない寡婦村になったにもかかわらず、政府によって「全村反革命」すなわち「土匪」とされ、子供たちは「土匪の子」として差別された。同地はこれ以後中国共産党の厳しい監視下におかれ、地域蜂起を起こさなかった隣村からも厳しい差別を受けた。

　このようなジェノサイド的事件は、ロンウ村の社会に大きな影響を与えてきた。ロンウ村の老人によると、当時彼らを鎮圧した解放軍の服は緑色であったから、現在もロンウ村には緑色の服を着る人はいないという。特に、当時ロンウ村を鎮圧した人民解放軍を支援したのは同徳県の民衆であるといわれており、このことは後述する地域紛争とも深く関連している。

　1966年から文化大革命が行われ、ロンウ村にとっては大躍進時代に続いて再び10年間の災難に見舞われた。宗教的な破壊だ

けではなく、「一打三反」運動によって、反革命とされる地方の多くのリーダーが殺された。とりわけ、紅衛兵や解放軍は地方で残虐な振る舞いをし、人の眼球を抉り取る、耳をそぐ、手足を切断する等の行為をした。

　1976年の「四人組」の逮捕によって、10年間の文化大革命が終結した。そして、その2年後、「改革・開放」政策が発表され、農牧業の自営のほか、言語と宗教生活、芸術、演劇、方言使用を含む文化が復活した。改革・開放政策によって、生産計画の自主的な決定が行われ、農牧民の自主的な生産が可能である家庭請負制が実施された。

　自由的生産請負制の導入後、村人の生産意識が強くなり、以前と比べて生産量が高くなり、住民の生活は豊かになった。しかし、農耕地域における灌漑水をめぐる紛争や、牧畜地域における家畜や放牧草地の境界線をめぐる紛争が頻発した。村内には党支部書記と村長しかおかれてこなかったが、行政機能が小さすぎ、行政は村社会を隅々まで支配することはできなかった。放牧地の管理や紛争、そして村内のトラブル等の調停のため、慣習法とともに長老会やキュダなどの伝統的な組織も回復した。

　本章では、このような現代の歴史的な背景以外に、ロンウ村の社会的構造についても述べてきた。ロンウ村は純遊牧地域であるが、現代の市場経済の影響によって、貨幣の需要が高まり、牧畜以外に出稼ぎも重要になってきた。特に冬虫夏草の採集による収入は、家庭収入の約50％以上を占めている。

　以前は子供を寺院に行かせて教育を受けさせてきた牧民にとって、学校についての知識はなかったため、学校で教育を受ける子供は非常に少なかった。しかし、近年、ロンウ村の牧民たちは学校教育に力を入れ、平均1家で1～2人の子が学校教育を受けている。専門教師不足や教科書の漢化に対しては、民間教育支援会を組織し、夏休み等の時間を利用して、子供たちにチ

ベット語とチベット文化を教える機会を作っている。

　現代化と市場経済の影響が大きいロンウ村であるが、宗教生活は以前として重要であり、チベット仏教寺院への出家や土着宗教への信仰は未だにさかんである。また、婚姻に関しては、村内婚を好ましいものとし、結納金に対しては非常に厳しく制限している。

注
1)　1958年人民公社時代の合作社とは異なる現代的協同組合を意味する。つまり、牧民が自由に組合員となって事業体を設立して共同で所有し、民主的な管理運営を行っていく非営利の相互扶助組織である。
2)　1962年から66年にかけて展開された社会主義教育運動。文化大革命以前、1963年当時は、帳簿、財政、在庫、労働点数の点検をいい、1965年からは政治、思想、組織、経済を点検することである。
3)　バターを取った後のバターミルクから作られる。乳酸発酵したバターミルクを加熱し、蛋白分を凝固させて脱水したものである。さらに乾燥させることによって長期保存が可能となる。
4)　中国の西北地域とは、重慶、四川、雲南、チベット、広西、陝西、甘粛、青海、寧夏、新疆、内モンゴル等12の省、市と自治区を含む地域である。
5)　ラブランやクブン、ロンウ大僧院はアムド地域の三大僧院として知られる。ロンウ大僧院は同仁県と沢庫県地域で最も大きいゲルク派の寺である。ロンウ大僧院に正式に所属する僧侶の数は約500で、従属する寺院は18もある。寺主シャルラマは、この地域の最も影響力の高いラマである。現在は第8世で、青海省人民代表大会の代表、青海省仏教協会の理事長、同仁県政治協商会議の副主席の仕事も引き受けている。
6)　チベット語の"a myes"は、祖父を意味するが、この場合は神や山神の意味である。"gur"はテントの意味である。
7)　香草やツァンパ等を焚き、その上に酒や牛乳をかけて神に捧げる行為。
8)　6つの異なる色で造った祈禱のための旗。
9)　山に設けた石の台に木造の矢、弓、矛、刀等を突き刺して作る祭壇。

第4章 放牧地の境界線をめぐる紛争とその解決

第4章◆放牧地の境界線をめぐる紛争とその解決

　本章では、1995年から1996年までロンウ村とゴンコンマ村の間に起きた大規模な暴力的紛争のプロセスとその調停による解決に関する詳しい事情を提示し、チベット地域紛争の解決方法について考察したい。

1　繰り返される敵対関係

　ロンウ村は上述したように、その西北部は青海省海南チベット族自治州同徳県のゴンコンマ村に接する（地図5 [p. 115] 参照）。ゴンコンマ村はナネ集落、ハァチョ集落とウジャ集落の3つの自然村によって形成されるが、現在はタンゴ鎮に属している。ロンウ村の牧民とゴンコンマ村の牧民の間には境界線地域で家畜の越境や紛失などの問題をめぐり常に摩擦が起き、暴力事件が発生してきた。

写真9　村人からの聞き取り

筆者は現地で双方の合意書や調停書などの大量の資料を見ることができた。ほとんどが改革・開放以後のものであり、紛争当時の報告書や承諾書、調停書などが含まれていた（資料1〜28）。これらの文書から、1990年代から境界線で家畜の紛失と越境放牧が増加したことがわかる。特に、1995年5月30日から1996年8月30日までの15カ月間には17人の死者を出した大規模な紛争事件が起きた。ここでは、まず1995年以前のロンウ村とゴンコンマ村との間に繰り返された敵対関係について分析する。
　ロンウ村の元郷長C氏によると、その経緯は概ね次のようなものである。

　ロンウ村とゴンコンマ村の間の最初の協定は、1954年両村のホンポ（ゴンコンマ村の村長）とザング（ロンウ村の村長）、そして長老会等の交渉によって行われたものである。その後、1958年にチベット人地域が全面的な地域蜂起を引き起こした時、ロンウ村の男はほとんど全員が蜂起に参加し、その大半が殺害されたのに対して、同徳県の民衆は解放軍に食糧などの支援をした。人民解放軍の激しい鎮圧によってロンウ村の人口は以前の約2500人から1000人余まで激減した。村内にはほとんど女と子供しか残らず、男たちは射殺され、投獄され、行方不明になった。ロンウ村は「土匪村」として差別され、このため近隣のゴンコンマ村は常にロンウ村との境界を越えて放牧するようになった。これをきっかけに1958年再び紛争があったのであるが、民主改革によって放牧地の集団化が開始され、事件を解決することはできなかった。1959年には人々の生活が困難になってきて、ロンウ村とゴンコンマ村の間に再び紛争が発生したが、青海省政府の協定によって沈静化された。その後、1962年、1972年、1983年にも紛争が起きたが、それらも省政府の調停によって解決されてきた。1984

第4章◆放牧地の境界線をめぐる紛争とその解決

写真10　ロンウ村とゴンコンマ村の境界線付近での聞き取り

年、省政府によって境界が決定されたのであるが、ロンウ村は決定された境界線に対してずっと不満を持っていた。そして、1995年に大規模な紛争を引き起こしたのである。[2014年5月6日聞き取り、ロンウ村の長老・元郷長、男性、71歳]

このようにロンウ村とゴンコンマ村の間には常に敵対関係が繰り返されてきた。C氏が述べる内容は両村が所属する各州誌と県誌にも記録されている。以下、海南州誌、沢庫県誌、同徳県誌の内容をまとめて記述する [海南州地方誌編纂委員会 1997: 574、同徳県地方誌編纂委員会 1999: 341、沢庫県地方誌編纂委員会 2005: 364]。

それによると、1957年9月1日、沢庫県ロンウ村と同徳県のゴンコンマ村との間に放牧地紛争事件が発生し、ロンウ村がゴンコンマ村の1人を殺害し、「命価」3200元を支払った。その後、両村の間には常に紛争が発生したが、青海省から州、県にまた

写真11　筆者（後列右から2人目）と境界線付近のロンウ村の家族

がる各政府が紛争の仲介をし、放牧地紛争をめぐって多くの協議、記録、裁決を行ったことが記載されている。

　1959年5月9日協議があった。それに基づいて1962年8月13日、青海省政府によって新たに『同徳県と沢庫県間の草山紛争協議書』が書かれたが、その内容がはっきりしていないため双方の解釈が異なり、敵対関係が続いた。1967年から1970年まで青海省軍管会生産委員会と青海省革命委員会が2回にわたって調停しようとしたが、解決できないまま事件は一層深刻になった。1972年青海省政府によって1962年の協議書が廃棄され、新たな境界が裁定されたことで両村の関係は少し穏やかになった。

　しかし1975年7月、両村間に紛争が起こり、双方合わせて400人余が紛争に参加、2人が死亡し、30人が重傷を負った。これは青海省革命委員会が派遣した工作員の調停によって停戦させられ、事態の悪化を阻止することができた。1984年青海省政府の「同徳県ゴンコンマ村と沢庫県ロンウ村の放牧地の境界線に

関する補充協議書」が発表され、関係はさらに緩やかになった。

上述の内容から見ると、1957年から1984年の間、両村は敵対関係を繰り返し、地域的な暴力紛争が発生してきたことがわかる。地方誌の中では、青海省政府によって事件の悪化が阻止され、若しくは調停されたとされているが、事実上省政府は事件を解決することはできなかったと思われる。したがって、境界線に対してもそれほど大きな変更はなかったであろう。

1984年には家畜の各戸分配とともに沢庫県と同徳県の境界線が決まり、のちの紛争の対象となる5.8万haの牧草地がゴンコンマ村の領域になった。これで両村はそれ以後10年以上の友好関係、または平和関係を保つことができたともいえるが、C氏が述べるように、実は両村はこの裁定に対してもまだ納得できず、不満を持っていたのである。それは後述の事件につながり、大規模な紛争に発展することとなった。

2　紛争のプロセス

ロンウ村の西北部は青海省海南チベット族自治州同徳県のゴンコンマ村に接する（地図4参照）。

ゴンコンマ村は、現在はタンゴ鎮に属しており、ナネ集落、ハァチョ集落とウジャ集落の3つの自然村によって形成される集落連合とでもいうべき存在である。前節で述べたように、ロンウ村の牧民とゴンコンマ村の牧民の間には境界線地域で家畜の越境や紛失などの問題をめぐり常に摩擦が起き、暴力事件が発生してきた。そして1995年5月30日から1996年8月30日までの15カ月間、双方は口論、殴り合いを発端として銃撃戦に及び、双方に多数の死傷者や掠奪による被害を出す大規模な事件に発展した。以下この事件の具体的なプロセスについて検討する。

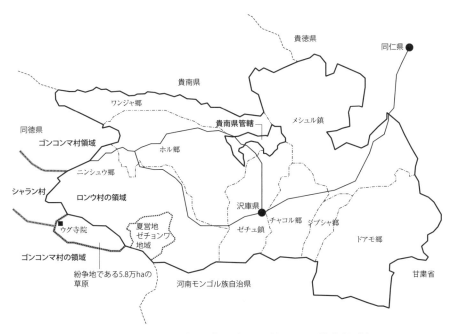

地図 4　沢庫県（沢庫県誌の地図を基にして筆者作成）

2.1　紛争のきっかけ

　1972年両村の間に境界線をめぐる紛争が発生し、それを解決するため、1973年に中央政府国務院が定めた区画によって、それまでロンウ村の伝統的放牧地であった土地の一部がゴンコンマ村の管轄とされた。1990年代の初期から、ゴンコンマ村は1973年に区画された境界線の内側で家屋の建設をし、そこに管理人をおき、有刺鉄線を張って自分たちの土地であることを示した。ロンウ村は、とりわけその境界付近にいる牧民は長年そこで放牧をしてきたので、政府による区画に不満があった。そこで相手側の家屋や鉄線を壊すなどして、たえず口論から殴り合いが起きていた。それによって、もともと敵対的であった双方の対立感情は紛争のたびに高まった。

　ロンウ村の牧民・J氏はその詳細について次のように語る。

第4章◆放牧地の境界線をめぐる紛争とその解決

　1995年の夏、ロンウ村の男3人が、政府の区画によって公式にはゴンコンマ村領になっている山で冬虫夏草の採集をしていたところ、「ロンウの者が我が土地の山頂で冬虫夏草を採集している」ということが伝わり、ゴンコンマ村の数十人が戦闘準備をして山頂にやってきた。その中の1人は銃を持っており、「今日こそ俺がお前たちに殺されるか、お前たちの誰かを殺すかだ」と騒いだ。その時、ロンウ村の3人は相手に向かってともに飛びかかった。ゴンコンマ村の男は何回か銃を発射したが、3人はその男の目前に迫り、一番前を走った男はゴンコンマ村の男の銃身を握った。その男は撃たれて倒れたが、これに続く別の2人が冬虫夏草を採集する鋤でゴンコンマ村の男を何回か殴った。さらにその後、相手の男の腰に付けられているナイフを奪い、正面から2回ぐらい突き刺してゴンコンマの男を倒した。その日は双方1人ずつが殺された。これが流血事件の始まりであった。
　その数十分後、ロンウ村中が大騒ぎになり、若者何人かが馬に乗って各家を回り檄を飛ばした。チベット語でいうマクダ（dmag brda＝緊急集合）をかけたのである。この日の夕方、合わせて約3000人の両村の男が山頂で銃激戦を行い、再びロンウ側の1人とゴンコンマ側の1人が殺された。銃激戦は次の日も続き、ゴンコンマ側の1人が殺され、2日間で双方の5人が戦死した。双方は山頂で塹壕を掘り、時に戦い、時には停戦し、長い時は1カ月ほども対峙した。[2015年10月12日聞き取り、牧民、男性、47歳]

　J氏が述べるように、暴力的紛争のきっかけは、ロンウ村の3人が越境して冬虫夏草を採集したことである。この地域は1973年からすでに国務院の裁定によって、ゴンコンマ村の管轄にな

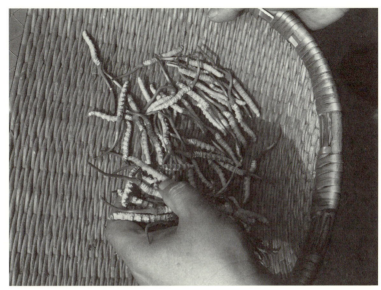
写真12　乾燥させた冬虫夏草

っている。しかし、ロンウ村の人々はその領域が昔から自分たちの土地だという認識をしており、越境した山だけではなく、5.8万haの牧草地全体を、これをきっかけとして取り戻そうとした。

　冬虫夏草（Ophiocordyceps Sinensis）とは、オオコウモリガの幼虫に寄生して発生する菌類のことである（写真12）。キノコの仲間で、冬の間は地中で昆虫の幼虫に寄生し、夏になって棒状に発芽して地面に姿を現す。その様子から漢語では「冬虫夏草」、略称は「虫草」という。世界中で400種類以上が知られており、その中でも漢方薬としては、チベット高原とヒマラヤ山脈産の冬虫夏草が良質とされている。

　実際、1980年代の経済自由化に伴い、冬虫夏草の価格は上昇し始め、採集はチベット高原の人々にとって魅力のあるものになった。その後、2003年のSARS流行をきっかけに価格は上昇

第4章◆放牧地の境界線をめぐる紛争とその解決

写真13　紛争現場の確認

し、2005年には1kg（虫草1200本くらい）で8万元（当時の為替レートで約120万円）となり、2000年前後と比較すれば冬虫夏草の価格は50％上昇した。毎年平均10％以上の上昇である。その後、冬虫夏草を採集する許可を得ずに他集落や村の境界を侵したり、密猟者とみなされることによる罰金などをめぐって各地で紛争が相次いだ[デンチョクジャプ 2015: 254]。

　J氏によると、当時、冬虫夏草は1本約1〜2元だった。しかし、争いが起きた境界線付近は冬虫夏草の豊富な産地ではなかった。また、紛争の対象である5.8万haの放牧地の所有に関しては、双方ともに納得できる理由があり、その所有権は証拠などに基づいて双方とも村の歴史書に書いてあった。特にロンウ村のウグ寺院はこの領域内に位置しており、政府裁定の境界から約15kmも離れたゴンコンマ村寄りにあった。1973年の国務院の裁定が間違っていたのである。ロンウ村の長老たちは常にこのことを理由として、筆者にその所有権を主張した。

2.2 紛争の経過

　紛争が発生してから、両村が所属する各郷政府から県政府までの各政府の工作員が長期にわたって境界付近に住み、緊急事態を防ぐため、毎日の様子を県政府や州政府に報告した。だが何か起きたとしても、地方政府の工作員の力では、その場で止めることはできなかった。

　表5に示す経緯について、ロンウ村のJ氏はさらに次のように語る。

　1995年から1996年まで、1年の間に計6回以上も境界線付近で非常に激しい銃撃戦が行われた。死者が出ると事件はますます深刻になり、1996年の夏だと思うが、ゴンコンマ側の警察派出所の所長が殺される事態に至った。ゴンコンマ村は同徳県政府を経由して、「ロンウ村は紛争現場で公務中の警察所長まで殺した。これは明らかに単なる牧草地の紛争ではなく、政治的な問題であり、その目的は1958年の（地域蜂起）

表5　ロンウ村とゴンコンマ村の間の紛争年表

1957 年	小規模な紛争が発生した。
1959 年	青海省政府によって初期の境界が決定された。
1962 年	放牧地の区画整理が行われ、正式に境界が決定された。
1967 年から 1970 年	殺人事件を含む小規模な紛争が繰り返された。
1972 年	青海省政府によって1962年の協議が廃棄され、新たな境界線が確定された。
1973 年	国務院によって両州の境界線が決定された。
1984 年	青海省政府によって補充協議書が発表された。
1995 年 5 月 30 日	大規模な紛争が始まった。
1996 年 7 月 8 日	青海省政府が新たな境界線を決定した。「52号文書」の発表。
1996 年 8 月 30 日	正式に停戦が成立した。
1997 年 6 月 19 日	調停書を公開した。

第 4 章◆放牧地の境界線をめぐる紛争とその解決

鎮圧に対する報復である」と中央政府に報告した。中央政府は殺された警察所長に民族英雄の称号を与えようとし、武装警察を派遣し、28人を逮捕し、殺人容疑で捜査しようとした。
　青海省公安部と民政庁などの政府役人は山頂に行って撤兵するよう警告した。ロンウ村の男たちは山から降りて解散したが、ゴンコンマ側は撤兵せず次の日再び山頂に登り、銃を乱射し、境界線周辺にいたロンウ集落の家畜をゴンコンマ側に駆りたてて帰った。同日、双方は山頂で銃激戦を行い、ゴンコンマ側の郷長1人と行政村長1人、村民1人の計3人が殺された。その殺された郷長のポケットにはゴンコンマ村の詳しい戦略を書いたノートがあった。そこにはゴンコンマ側の村政府、郷政府、県政府の役人までが紛争に関わっていることが書いてあった。ロンウ村はそのノートについて県政府に報告したが、これについては何の返答もなかった。結局、亡くなった所長にも英雄の称号は与えられず、捕えられた男たちも数日後に釈放された。紛争中はこのような事態を何回も繰り返してきた。[2015年10月12日聞き取り、牧民、男性、47歳]

　ロンウ村の周辺では家畜の紛失や略奪が以前からしばしば起こり、恒例のようになっていたが、特に互いの関係が緊張するなかでは家畜の紛失が起きやすいため、ロンウ村とゴンコンマ村の周辺地域の牧民は境界線の付近では放牧しなかった。家畜が境界線を越えた場合、持主に返すことなく屠殺してその場で食べてしまう習慣が昔からあったからである。このため紛争中、家畜の管理は各自で厳格にしていたが、紛失はしばしば起きた。そして紛争中、寺院を侮辱する行為もあったことも、ロンウ村が事件後、調停者に提出した要求書や報告書に書かれている。
　表6の内容は、1997年に紛争の調停が行われたとき、ロンウ村の代表が調停者に出した家畜の紛失報告に基づいたものであ

表6　ロンウ村が紛争中に紛失した家畜数

日付	家畜の紛失数	計
1995年	ヤク23頭、馬11頭、山羊13頭	47頭
1996年	ヤク24頭、馬21頭、羊1頭、山羊38頭	84頭
1997年	ヤク20頭、馬6頭、羊28頭、山羊33頭	87頭

る（表6は省略した形になっているが、実際の資料〈資料9の表1～3を参照〉では年月日のほか家畜の特徴と紛失した地名などが記されてあり、資料のタイトルは「盗まれた家畜数」となっている）。ロンウ村側は、これらの紛失した家畜は明らかにゴンコンマ村によって盗まれたものと確信しており、調停者に報告してその賠償を求めたのである。

　J氏は、彼が境界線付近で家畜を盗んだ経験を以下のように述べた。

　　1995年、まだ両村において紛争が起きていないときも、互いの関係がよくないため一旦境界を越えた家畜は屠殺されるか失踪した。しかし、互いに相手側によって殺されたか盗まれたことを知っていた。ある日、私は数人の友達と一緒に境界線を越えてきたヤクを屠殺し、その肉を皆で煮て食べたことがある。ヤクの持ち主が探しに来ることを恐れ、その皮と骨は土に埋めた。しかし、のちに紛争事件が発生すると、家畜が越境すると戻ってこないことを皆が承知しており、境界周辺では放牧しなくなった。[2015年10月12日、牧民、男性、47歳]

　J氏が述べるような家畜の屠殺は、ある種の報復として境界線付近で双方の牧民によってしばしば行われた。また捕虜や死者、寺院等に対する侮辱行為も行われた。

第4章◆放牧地の境界線をめぐる紛争とその解決

ゴンコンマ村のX氏は次のようにいう。

　1996年の夏だと思うが、ロンウ村は境界付近でゴンコンマ村の1人を殺した。しかし、ゴンコンマ村の人間が死体付近に行くとロンウ側が銃を発射するので、誰も死体を回収に行けなかった。最終的に同徳県の公安部と政府の代表が死体を回収した。当時は私も民政局の代表者として死体を回収しに行ったが、死体にはナイフで刺された跡があった。基本的に、人は生きている時ナイフで刺されると傷口から血が出るが、死体に刺しても血が出ない。当時我々が回収しに行った死体には、血が出ていなかった傷口が何カ所もあった。これは明らかにゴンコンマ村への侮辱である。[2014年6月4日聞き取り、元民政局の幹部、男性、59歳]

これに対してロンウ村のJ氏に話を聞くと、彼は次のようにいった。

　死体をナイフで刺したというのは全くの嘘だ。その死体があった場所は私の責任地域だ。確かに当時、死体をバラバラにして侮辱しようとしたことがあるが、年寄りに阻止された。実はこの地域では、死体をバラバラにして相手を侮辱したことが以前ガルセ集落との紛争事件の時にあったので、我々はそれの真似をしようとした。[2015年10月12日聞き取り、同上人物]

　一方、寺院への侮辱は仏教を信仰するチベット族の民衆にとって許しがたいものであるため、チベット地域ではこのような行為は非常に少ないといわれる。ロンウ村のウグ寺院は現在もゴンコンマ村の領内に位置する。前述したように、ロンウ村の

人々は常に、ゴンコンマ村が現在所有する領域は昔から我々の土地だ、その証拠はウグ寺院だという。ゴンコンマ村がウグ寺院に対して次のような不敬な行為を働いてきたことは、ロンウ村から調停者に提出された調停書にも記されている。以下、当時の報告書を引用する。

　　調停者への報告書。ゴンコンマ村がウグ寺院を侮辱し、嫌がらせをしたことに対して公平な裁定を願う。俗人の紛争を寺院に及ぼす行為は世間のどこにもないが、ゴンコンマ村は我がロンウ村のウグ寺に対して俗人の紛争を寺院にまで及ぼした。彼らは寺院の中で犬を殺し、寺院に毒を入れた。そして、寺院で銃を乱射し、寺院への道を遮った。1人1人の僧侶に銃弾を見舞うと騒ぎ、ラマは軍長[1]だと侮辱した。このような行為は文化大革命時代を除けばチベット族の歴史にはなかった。したがって、公平な裁定していただきたい。ロンウ3村より、1997年6月2日。[資料12参照]

このようなウグ寺院に関する侮辱の報告書は5通ある。調停者が裁定したものも、家畜の盗難、死傷者、侮辱に関する賠償書といえるものであった。

　実際、世界各地の地域紛争では相手を侮辱する行為は常にあった。例えば、ニューギニア、オセアニア、南北アメリカ、アフリカなど世界の多くの地域では殺した敵の身体の一部を切り取る習慣があり、特に首と頭骨を戦勝記念品とした。東北アフリカの男たちは、敵の性器を切り取って記念品とする。こうした行為には相手を侮辱する意味と、敵の身体に宿る力を我が物とする意味があった [栗本 1999: 116]。

　チベット地域にはこのような死体の一部を切り取って記念品とする習慣はなかったが、相手を侮辱する行為は常にあった。

第4章◆放牧地の境界線をめぐる紛争とその解決

ロンウ村のK氏は次のように述べる。

　1996年になると、双方は死者10人以上、重傷者を数十人出しているが、とりわけ若者たちの相手に対する復讐や恨みの気持ちは抑えられなかった。ロンウ村側はゴンコンマ村によるウグ寺院に対する侮辱の話を聞くたびに、それに対する復讐の念を深め、チャンスを求めていた。1996年の春、両村は境界線付近で再び交戦した。その日のことははっきり覚えていないが、ゴンコンマ側の1人を殺し、その死体を村の中に引っ張ってきて、恨みを持つ若者たちの遊び道具にした。今考えると本当に恐ろしいし、あの紛争は本当に意味がないと思う。[2016年10月24日聞き取り、ロンウ村に所属するある行政村の副村長、男性、48歳]

このように、紛争中両村の関係が交戦状態になると、その事件を完全に解決するまで、暴力だけではなく、家畜の略奪、屠殺、そして寺院や死体に対する侮辱がしばしば起きた。
　また、紛争中使用した武器[2]については、J氏は次のように言う。

　一般的には紛争が起きた時、使う武器は投石縄や刀、そして槍などであるが、今回は紛争が発生した初日から何人もの死者を出したので、投石と槍の段階ではなかった。人々はナイフ、刀と銃を持っていた。銃は多様だが、79式サブマシンガン、(日本製) 38式歩兵銃、64式小銃、そして個人製造の銃、ピストルなどであった。政府の銃と思われるものもあったし、民兵の銃もあった。また、どこから手に入れたのかはわからないが、非常に古い銃と思われるものもあった。基本的に大部分の銃は白帽子（回族を意味する）から手に入れたものだ

ろう。[2015年10月11日聞き取り、牧民、男性、47歳]

　　J氏が言う白帽子とは、回族が白い椀状の帽子をかぶることに由来する。J氏だけでなく他の人々も銃の入手についてはこれ以上語らなかった。死者17人のうち1人以外はすべて銃撃によって殺害された。紛争中ロンウ村が使った銃の中には、個人製造の銃、政府や警察の銃、民兵の銃があった。

　　両村の紛争には、双方の地方政府が直接参与しているわけではないが、政府や警察の銃を使えることからも、地方政府が多かれ少なかれ管轄下の村を支持していることは明らかである。

　　紛争は1996年の8月まで続いたが、前記のJ氏によると、境界線付近で戦闘が発生すると、上述したように、ロンウ村が属する沢庫県の警察が来て男たちを逮捕したり、あるいは県民政局や郷の工作員が来て説得した。しかし、実際には逮捕された人たちはすぐに釈放され、境界付近の暴力も再び発生した。つまり、両村の紛争はある意味では2つの自治州間の境界問題でもあり、県と州政府よりも上位の省政府の指示がなければ解決できなかったのである。

2.3　結果と影響

　　ロンウ村とゴンコンマ村の紛争は1995年5月30日から1996年8月30日まで続き、計15カ月間双方は交戦状態にあった。結果的には、ゴンコンマ村側の死者12人、ロンウ村側の死者は5人となった。負傷者の具体的な数は不明だが、前述のJ氏によるとロンウ村には約20人いたという。そして、屠殺や盗難等によって失われた家畜の数は上述したように計218頭となっている。最終的な調停によって死者や負傷者、そして紛失した家畜などに対するトン（stong）を、つまり賠償をしなければならないが、調停書（後述する）の規定によると、死者1人につきトンは2万

8000元、家畜は1頭300元とされている。村内の死者に対しては村の公費から遺族にナントン（nang stong）を、つまり内部の補償を支払う習慣があるが、ロンウ村の場合は1人当たり3万元を支払った。これらを計算してみると、ロンウ村はゴンコンマ村に対して死者12人に対して33万6000元を、ゴンコンマ村はロンウ村の死者5人に14万元を支払い、差し引きするとロンウ村はゴンコンマ村に19万6000元をトン（賠償）として払わなければならない。内部の死者に対してロンウ村ではナントン（内部補償）15万元を、そして家畜についてはゴンコンマ側も約200頭とすれば、6万元を支払わなければならない。

また、当時、ロンウ村における紛争の参加者は約800人であったという。銃と銃弾の具体的な数はわからないが、仮に平均1人当たり銃1丁と銃弾100発を使用したとして、シンジルト[2003]による1999年のライフルの価格から計算すると、男1人が参戦するためには3万5600元（ライフル＝羊140頭分、羊1匹＝250元。銃弾1発＝6元）を負担しなければならない。これは当時の牧民にとって、非常に大きな負担であった。特に当時の貧困家庭は全ての家畜を売って参戦したことは間違いない。

一方、ロンウ村とゴンコンマ村が争う牧草地5.8万ha（地図4[p.83]参照）に対する判断は、1996年7月8日青海省政府から出された「52号文書」（資料8を参照）によって決定された。境界裁定書によると、今回の境界は黄南チベット族自治州政府と海南チベット族自治州政府が調査して、青海省政府に報告したものを青海省政府が承認して地方に通知したことになっていた。

実際、境界裁定を行った時期は双方が休戦しており、青海省政府は事件を解決するため再び土地の画定を行ったのであろう。

同徳県民生局のL氏は次のように述べる（写真14）。

調査員の仕事は秘密である。彼らがいつ現場に来て調査す

写真14　同徳県の元幹部への聞き取り

るか、誰に話を聞いたかは誰も知らない。現地調査をして調停案を作るが、それは秘密の工作である。ロンウ村はすでに同徳県領になっている5.8万haの土地が彼らの土地だと主張して紛争を起こしたが、最終的に青海省政府はわずか約0.53万haの土地をロンウ村に割譲しただけであった。この裁定案については双方の境界付近の牧民は承認せず、境界線で新たに建てた碑を壊したりした。ロンウ村はもっと放牧地がほしかったし、ゴンコンマ村は1ムーも割譲したくなかった。特にゴンコンマ村は最後まで反対したが、最終的に各州政府とスパたちの交渉もあって、事件を慣習法によって解決することを認めたため、新たに画定された境界線も双方が承認することになった。[2014年9月2日聞き取り、同徳県民政局の元幹部、男性、77歳]

上述のように、経済的には紛争による影響は多少あったが、全村の経済まで影響されるほど重大ではなかったといえる。境界線地域の牧草地の所有権に関しては、ロンウ村が一部取り戻すことができた。また、今回のロンウ村とゴンコンマ村との紛争は両村の関係だけではなく、両県の民衆の関係にも非常に大きな悪影響を与えた。そしてこの紛争を解決した後の1998年に別の暴力事件が起こるが、これに関しては第5章で詳しく分析する。

3　調　停

チベット人は調停者をスパと呼ぶ。ス（gzu）とは公平、公正の意味であり、パ（pa）は接尾語であり男あるいは人を指す。スパは敵対関係である両村にとっては、紛争を終わらせ友好関係を築き上げるための重要な要素である。紛争が重大なものになるに従って、スパの社会的地位や権威もそれなりに高いものが求められる。村内の家庭問題等の個人的なレベルの問題に対しては、村長や長老会がスパとして調停の役割を行う責任がある。一方、コミュニティ間のあらゆる問題から生じた紛争を調停するためには、外部のスパを求める必要があるが、Pirieがいうように、スパは「基本的には近隣の村の寺院等のラマや高僧である場合が多い」[Pirie 2005: 15]。彼らは仏教の理念、つまり慈悲や公平さに従って仲裁すると期待されるからであろう。

特に、スパとして役割を果たすラマや高僧たちは、紛争当事者らに仏教の超越的な倫理を持ち込み、カルマの意味や美徳の好ましさ、そして命を奪う罪の大きさと地獄の苦しみについて話をする。彼らはチベット人の、仏教に基づく価値観に訴えることによって、常に調停を成功することができた [Ekvall 1964: 1141]。

俗人でもラマでも、スパとして選出されるにあたっては紛争の重要性に対応した社会的地位が必要である。彼らはある意味その地位と面子によって調停するのであり、社会的地位が高いほど調停の成功率が高い。Ekvallは「社会的地位、名声、雄弁、威信、誠実さ」などがスパのメルクマールであるという [Ekvall 1964: 1141]。

　社会的地位と名声はスパとして人々を納得させるある種の特性であるが、前述したようにチベット族は雄弁と威信、そして誠実さを男の美徳、または男らしさの条件であるとする。しかし、選択されたスパが偏った仲裁をし、それによって紛争が再発する事例もしばしばあった。例えば、シンジルトの取り上げる事例はモンゴル族とチベット族の間に起きた牧草地をめぐる紛争であるが、調停する有名なラマは常にチベット族出身であり、かつ彼らの権力の基盤もチベット族地域にあるため、紛争当事者双方の望み通り公平に仲裁してくれることはできなくなったとされる [シンジルト 2003: 220]。したがって、スパの選択は非常に大事なことであり、双方ともスパの候補者に対して多くの条件を要求する。

　一方、アムドチベット族地域には、紛争中隣接する村の数十人が村を代表して自発的に紛争現場に来て、当事者双方の紛争を止めようとする習慣がある。しかし、決してスパのように調停しようとするものではない。これはジョディ（gyod 'dri）という。ジョとは事件のことであり、ディとは見舞いのことである。ロンウ村とゴンコンマ村の場合は、隣村ではなくロンウ大僧院のシャルラマの代表として数人の僧侶が、またロンウ大僧院の代表やロンウ7村[3]の代表などがジョディにきたことがあった。

　正式の調停は、表面的には政府当局によってスパが選択され、それを双方が認めるとともに、スパたちによって正式に停戦させ、そしてスパと当事者が調停交渉を行い、最終的に調停書を

公開するというプロセスをたどる。

　事実上、スパたちが1950年代以前の伝統社会のように自発的に地域紛争に介入することはできない。ロンウ村とゴンコンマ村の事例でわかるように、主要なスパであるシャルラマのもう1つの身分は、青海省人民代表大会の代表や同仁県政治協商会議の副主席である。したがって、民主改革と文革時代に弾圧された伝統的支配層の生残りを釈放して名誉を回復することによって、地方政協の委員などに任命したのである。地域の有名なラマたちも同じように政協の委員に任命された。彼らには地域で起きた民族主義活動や地域紛争等を解決する義務があるのである。行政側はこのような紛争が起きた場合は、地方政協の委員であるラマ等にスパとして依頼し、政府が許容できる範囲で慣習法に従って問題を解決してきた。

3.1　スパ（調停者）によるジョタクパ（停戦）

　ロンウ村とゴンコンマ村のスパは青海省政府と州政府、県政府が相談して決定したというが、その主たるスパは黄南チベット族自治州地域で宗教的に最も権威のあるロンウ大僧院のシャルラマ[4]であった。ロンウ村とゴンコンマ村は、ロンウ大僧院と政治的、宗教的、そして社会的に深い関係があったため（第3章第2節参照）、両村ともこれを承認した。そして、副スパとして両村は信頼する2人のラマを選択した。

　すなわち、ロンウ村側はやはりロンウ大僧院のロンウラマ[5]と同じくカソラマ[6]に依頼した。ゴンコンマ村は現地のセルラ寺院のメソラマ[7]とシャンチ寺院のケンポラマ[8]を副スパとした。いずれも各寺院の転生ラマである。スパは全部で5人であるが、シャルラマは当時若かったため、主に副スパの4人が活動したという。

　現在はこのように政府当局の関与によってスパを決定する場

合が多い。それを当事者双方が認めれば、スパたちは政府および当事者の代表と情報を交換しながら調停を行う。しかし1950年代以前の伝統的な社会では、地域の統治者や影響力の高いラマが自発的にスパになることができた。この場合Ekvallがいうように、スパたちはあらゆる方法によって、彼らが事件に関与したことを宣伝する。事件を終息に導くためには多くの下工作を必要とする。一般的に仲裁の準備だけで少なくとも1カ月を必要とした [Ekvall 1964: 1142]。

スパたちは停戦して調停交渉に入るよう忠告をするが、それに双方とも同意すれば、これを「ジョタクパ（gyod btags pa）」という。つまり停戦である。一旦ジョタクパが行われることが知らされると、境界付近での一切の行動が禁止され、もちろん放牧も禁じられる。しかし、ジョタクパは一時的な休戦を認めただけであり、決して最終的な調停に同意したものではなく、いつでも調停を拒否することができた。

甘粛省甘南チベット族自治州の碼曲県ングラ集落と青海省黄南チベット族自治州河南モンゴル自治県アリ集落の間では、牧草地の境界をめぐる地域紛争が長年にわたって続いてきた。この事件についてはシンジルト [2003] とPirie [2008] が取り上げているが、Pirieによると、ある段階で地方のラマが関与し、紛争現場で双方の村長に停戦を求めた。彼は「我々は全てチベット人である（同胞が戦ってはならない）」と強調したが、アリ集落は撤兵することを拒否し、再び関与するなら撃つと脅迫した。この事件については3人の地方ラマが長年にわたって仲裁しようとしたが、解決できなかった [Pirie 2008: 227]。

スパは自発的なものであれ、指定されたものであれ、停戦や調停等の途中でも条件が折り合わなかったり、双方の疑いなどによって失敗すれば、スパを変更する場合がしばしばあった。

ロンウ村とゴンコンマ村の間の紛争におけるスパは、上述し

たように青海省政府によって指定された有名な5人のラマであったが、実際、スパをスパとして双方に承認させることはそれほど容易ではなかった。しかし、今回の主要なスパはシャルラマであり、この地域で最も影響力を持つ高僧であるため、承認されたという。双方ともがスパを承認したということは、調停の試みに同意したことを意味する。ロンウとゴンコンマの間の紛争調停は、まず青海省政府が1996年8月からスパ（調停者）を山頂まで派遣し、ジョタクパがスパたちと双方の代表を交えて行われた。スパは双方の代表と話し合いをするが、その雄弁さによって双方を説得することが基本である。しかし、今回のロンウ村の場合は、副スパのラマ4人が仏教の理念に従って説得し、特にシャルラマの顔（すなわち面子）を立てるために承認したという。

　スパたちと双方の代表との相談によって正式なジョタクパが決定されると、双方は伝統に従ってその場ですぐ撤兵し、事件を解決するまでその付近での行動や放牧は禁じられる。ジョタクパが宣言された後はスパたちがスジェ（gzu gros＝調停相談）を行い、その後、スシェパ（gzu bshad pa＝調停議論）が行われ、最終的にスユ（gzu yig＝調停書）が公開されることによって、一般的に1カ月以上の時間をかけて事件は解決されるのである。

3.2　スパ（調停者）によるスシェパ（調停議論）

　スシェパが始まる前に、副スパたちはスジェすなわち調停相談の活動を行う。つまりA村側と関係の深い2人の副スパは、A村にて代表者から情報を収集する。B村の場合も同様に、2人の副スパがB村で代表者の意見や要求を詳しく聞き取る。スジェがスタートしてから終わるまで、情報漏れについては非常に厳しく注意する。そしてスジェが終わるまで双方の代表やスパはいつでも連絡ができるようにする。時にはスパによってスタ

クパ（gzu btags pa）すなわち調停相談の一時停止を行うことがある。このスタクパはスパたちの権利であり、時にはスパ個人の都合によりスタクパを行うこともあり、また双方の代表者の要求を検討するためにスタクパを行うこともある。

　スタクパののちスジェは再び開始されるが、スパたちが代表者の意見や要求を全て検討した後、スシェパ（調停議論）が行われる。スパたちは決まった場所で少なくとも1カ月以上議論する。最終的な結論が出るまでは共同活動をするが、その期間は外部の人間とほとんど連絡しないのが決まりである。Pirieによると、このようなスジェは中立的な場所で行うが、現在は地方の町で行われることが多くなっている [Pirie 2005: 15]。

　ロンウ村の場合は、1997年に青海省政府の指示により、4人の副スパたちが5月14日から西寧（青海省政府所在地）とレプコン（ロンウ大僧院の所在地）で繰り返し2カ月ほどスシェパを行い、6月19日にスユ（調停書）を公開し、裁決に至った。

　ところで、スパたちはスジェの場でどのように何を議論したのだろうか。Ekvallは次のように述べる。

　　調停者たちは小委員会のような2人から3人のグループを作り、長い時間をかけてキャンプ（のある放牧地）内を一方から他方へと行ったり来たりした。時々、当事者個人と会って、キャンプから声の聞こえない少し離れた場所で、その意見を聞き、情報交換し、議論した。調停者と当事者はテントからテントへ繰り返し移動し、あるいは正式の集まりの中で非常にゆっくりしたペースで議論していた。当事者双方は彼らに美味良質な飲食物を提供し、道徳的な原則と、宗教的な教え、そして地域の歴史、以前発生した紛争のケースなどに従って賠償と被賠償を決定するのであった。[Ekvall 1964: 1145]

第4章◆放牧地の境界線をめぐる紛争とその解決

　ロンウ村とゴンコンマ村の紛争調停は西寧で議論されたのであるが、そのプロセスや命価・血価、家畜や侮辱などに関する賠償はEkvallが述べたものとほとんど同じであった。彼らは境界線に関しても議論したが、これはスパの関与で解決する権利の内容ではなかった。以下の内容はスシェパを行った時、ロンウ村の代表がスパたちに出した意見や要求を含む要望書である。

要望書

1. 境界に関しては青海省政府の「52号文書」（資料8）に従う。
2. 略奪や盗難による家畜148頭は市場価で計算する。
3. ウグ寺院への侮辱は厳しく裁決する。
4. 殺された頭目の2人に対しては命価を払わない、その他は沢庫県の今までの習慣に従って1万元を払う。
5. 以上の条件に従って裁決しない場合最終調停を承認しない。

ロンウ村の代表より、1997年5月1日

　当時ロンウ村が調停者に出した上述のような報告書は1997年5月1日から6月3日まで10件出されていた。途中次のような承認書もあった。

承認書

　ロンウ村とゴンコンマ村の紛争に対してラマたちがどのように裁定しても承認することを証明する。

ロンウ村の代表より、1997年5月30日

これらからわかるように、スパたちのスジェの主な内容は、一般に殺された人のミトン（mi stong）すなわち「命価」、けが人のチャトン（khrag stong）すなわち「血価」、そして略奪や盗まれた家畜の賠償金額の決定、侮辱に対する詫びと賠償等（資料11〜18を参照）である。スパたちと各村の代表はこのように2カ月ほど情報交換して、最終的に合意したのである。

4　合意されたスユ（調停書）の公開

　スユ公開儀式に参加したロンウ村の代表の1人であるG氏は次のように述べる。

　　スユを公開する儀式はロンウ大僧院で行われた。調停はすでに両村の承認を受けていたし、スパがどのように決定されても承認する約束をしていた。もちろんスユの内容は秘密であるが、両側の代表は副スパと長い時間交渉し、すでに意見を伝えているため、その内容も大体わかっていた。当日、我がロンウ村から代表として10人、そして、相手側からも10人の代表が参加した。スパの5人が上座に座っており、代表者20人はそれぞれ右と左に並んで座っていた。真ん中にはカンジュル（大蔵経）17組が用意されていたが、それは死者17名に捧げるためであった。最初に副スパのカソラマがカンジュルに向けて3回五体投地して、スユを読んだ。その後、シャルラマが長い歴史と宗教についての説教を行った。特に両村とも昔はレプコンに所属した歴史を強調して、我々レプコン内部で二度とこのような事件を起こさないようにというような内容で説教された。17組のカンジュルはゴンコンマ村に12組、そしてロンウ村に5組が渡された。最終的に両村の代表が調停者たちに感謝の挨拶をして儀式が終わった。[2014年8

月3日聞き取り、現ロンウ村のザング、男性、48歳]

次に示す決定書(写真15、写真16)は、当時のスユの内容を復元したものである。括弧内は筆者の補足である。

青海省黄南チベット族自治州沢庫県ロンウ村と海南チベット族自治州同徳県ゴンコンマ村の間に起きた殺人と盗難事件に関する決定書

1995年5月30日から1996年8月30日の間双方は放牧地境界線をめぐって争い、同徳側に死者12人、沢庫県側に死者5人の、合計17人が殺される大事件になった。当時、青海省委員会と省政府によっていくつかの争議は解決された。それ以外の殺人事件と、盗難などの事件は、(青海省政府から)両州政府に解決するよう命令され、両州政府の決定により、ロンウ大僧院のカソラマとロンウラマをスパに行かせた。2人のスパは1996年9月の初めから、二度と紛争事件を起こさないよう説教した。特に1997年3月24日に同徳県の7人のラマと沢庫県の3人のラマが協力してジョタクパを行った。そして、1997年5月14日から省政府の命令により西寧でスシェパを行った。双方の州政府、県政府、郷政府の代表と集落の代表10人ずつが参加し、20日以上議論と説教を行った。特に解決のできないものに対して、海南チベット族自治州の州長リンチェンジャ氏、副州長イムチェンジャ氏と、黄南チベット族自治州の州長ドルジェラプテン氏、副州長マネブン氏等に報告した。彼らは省政府と相談しながら、今回の事件は自民族の損失であり、特にレプコン内部の問題(上述したように昔は両集落とも、レプコンに属し、ナンソ政権が支配した)であるという歴史を説明し、双方の民衆に対して団結の重要さなどをアドバイス

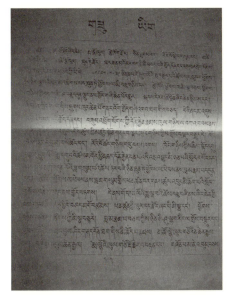
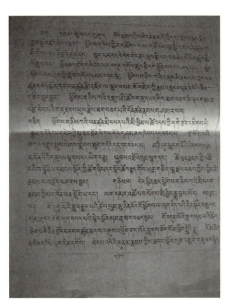

写真15　ロンウ村とゴンコンマ村の調停書（1、2枚目）

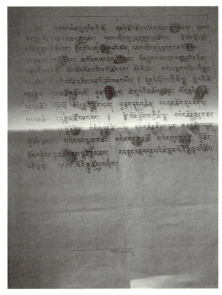

写真16　ロンウ村とゴンコンマ村の調停書（3、4枚目）

105

した。双方の民衆代表も互いに理解し、尊重し合いながら誠意のある態度を示し、合意することができた。双方の代表が、スパがどのように決定されても同意することを前提にして決定されたものは以下の通りである。

1) 紛争中殺された者の遺族に対して、双方の民衆が阿弥陀如来のタンカ、カンジュル経を与え、六字真言を主にする真言を10万回唱え、生活の補助金2万8千元、織物、お茶などを渡してざんげする。
2) 死者の家族は復讐したり、犯人を探ったりしないよう約束する。
3) 1996年8月30日ロンウ村の家畜を任意に小屋に入れたことに対して罰金130元と決定している。それ以後1997年3月24年以後殺された家畜については市場値段で持ち主に現金を返すべし。盗人はスパに罰金300元を支払うよう決定する。
4) 1995年の5月以降の盗難については、双方が認めているものについては全て家畜か現金（3の基準による）を返す。
5) 同徳側の建物や有刺鉄線の破壊に対して、双方の州政府や県政府が補助する。
6) ゴンコンマ村側がロンウ村のウグ寺院で、僧侶やラマ、そして食べ物と燃料に損害を与えた行為は道徳違反であり、ゴンコンマ村がウグ寺院に1000元と布を渡し謝罪する。
7) 今回決定したことが、民衆の悪い習慣にならないよう注意し、今後とも双方の間に二度と紛争を起こさないよう努力する。
8) 今後、双方の民衆が共産党と政府の役人を尊重し、中国の特色ある社会主義建設のために努力し、共産党と国

　　　　　家から与えられた責任を常に背負い、民族団結と経済向上などの発展のため平和な社会を作り、長い団結を保つよう、ロンウ大僧院の代表より祈願する。

　スユの文末には当時公開式に参加したものの署名が記され、拇印が押してあった（資料20）。このスユの公開式には双方の代表20人とスパたち以外に、黄南チベット族自治州の副州長、海南チベット族自治州の副州長、沢庫県の県長、同徳県の県長などの政府の代表者も参加していた。殺人犯については目撃者が自集落内にしかいない時は絶対秘密にされるので、警察や公安が調べても簡単に知ることはできなかった。特に、一旦スユを公開して双方が承認すると、各公安部や警察は17人を殺した犯人を調べなかったし、死者の家族もそれを承認した。このようにして刑法の適用、刑事罰は避けられた。

　また、多くの場合、スユの公開儀式で双方の代表が誓いを行う習慣があった。彼らはその地方の最も強力な神に対して、両村の代表数十人が今後兄弟として付き合い、二度と紛争を引き起こさないことを誓うものであった。しかし、同上のG氏によると、本来はロンウ村とゴンコンマ村の数十人がロンウ大僧院のアミクル（守護神）の廟で誓いをする予定であったが、ロンウ村の代表がそれに反対し、最終的に誓いは行われなかったという。

　青海省政府は、殺人容疑者の捜査と投獄はしないが、しかし、当事者双方は政府が裁定した境界を承認しなければならないと双方の代表に迫った。事件は最終的に政府と村の間、村とスパ（調停者）の間、スパと政府の間の意見と要求の交換により解決した。

第4章◆放牧地の境界線をめぐる紛争とその解決

5　小　括

　ロンウ村側からの聞き取り調査によれば、ロンウ村は1958年の民主改革によって、成人男子を中心に村の人口が半減し、その影響が現在まで続いている。民主改革後の長い間、ロンウ村は「土匪村」とされ、近隣村から差別を受けた。近隣の牧民はロンウ村との境界を越えて放牧し、ロンウ村は境界付近の広い放牧地を失った。ロンウ村は失った自村の土地をゴンコンマ村から奪い返したかったが、彼らにはそれだけの実力がなかった。両村の間には互いの不満による敵対関係が長年続いてきたが、それが1995年の冬虫夏草をめぐる地域紛争の背景となっている。

　1995年5月からロンウ村とゴンコンマ村の間に、大規模な暴力的紛争が発生した。そのきっかけは、ロンウ村の男3人が越境してゴンコンマ村の領内で冬虫夏草を採集したことであったが、実際には、紛争の根本的な原因は冬虫夏草ではなく境界線一帯の広さ5.8万haの放牧地であった。双方は境界線付近で激しい銃撃戦を数回にわたって行った。ロンウ村とゴンコンマ村の境界線をめぐる紛争はある意味では、黄南チベット族自治州と海南チベット族自治州の境界線問題でもあるが、両県と両州政府は、秘密裏に地域紛争に関与して、それぞれに所属する村を支持する一方で、警察官を現場に派遣して参加者を逮捕するなど非常に曖昧な態度をとっている。

　一方、青海省政府はそれを察知していたために、両自治州政府を指導する形で裁定をせざるを得ず、現代刑法による解決を求めて、民政局などの代表によって停戦するよう説得した。問題となっていた境界線一帯の広さ5.8万haの牧草地は、公式にはゴンコンマ村の領とされていたが、青海省政府が1996年7月新たに境界線を画定し、0.53万haの牧草地をロンウ村に割譲す

ることとした。これに対しては、双方とも否定的な態度を示し、紛争は1996年の8月まで続いた。最終的に、青海省政府は双方の住民が信頼できる、その地方で最も影響力を持つラマにスパ（調停者）として調停するよう依頼し、慣習法に従って解決することを認めた。

　実際、ロンウ村からすれば、1950年代以降のジェノサイドなどの外的影響によって、集落連合体の勢力が弱くなった。1980年代になると、広範な牧草地をゴンコンマ村に奪われてきた。しかし1990年代になるとロンウ村はその人口が回復してくる。また、貨幣経済の発展とともに牧民は家畜を増やしていくが、それによって、放牧地は不足してきたのである。両村の男たちは冬虫夏草をめぐる問題をきっかけとして暴力事件を引き起こすが、ロンウ村はこれを機に以前失った放牧地を取り戻そうとした。上述したように政府が介入し、境界線を再画定することによって、彼らにとっては不十分であるものの、一部の放牧地を取り戻すことができた。

　また、暴力事件に関しては、両村の代表と交渉するため、両村の民衆が信用できるラマを2人ずつ選択し、合わせて5人のスパが伝統的な慣習法に従って、関与者の意見や要求を聞き、政府に報告しながら結論を出したのである。最終的なスユ（調停書）を公開したのは僧院であるが、式には双方の代表とスパであるその地域最高位のラマたち、政府の官僚も参加した。裁定内容は伝統に従った。紛争参加者の刑事責任は問われることなく、民事賠償は血価・命価の形で行われた。当事者にとっては、自村の土地権を守るための最も強力で堅固な裁定であったといえる。

注

1) 僧侶として殺生戒は仏教の理念により非常に厳密に守るべき戒律であり、寺院の最高位権威であるラマを軍長に比較すること自体は寺院全体を侮辱しているのと同じ意味である。

2) チベット地域における初期の銃は火縄銃であった。火縄銃はチベットの各地域に拡散し、のちに各地で生産されるようになり、ボダ（bod md' a）と呼ばれた。遊牧民は少なくとも1丁の火縄銃を所有していた。彼らは火縄銃の筒先に2つのカモシカの角の叉杖を付けて使う。現代的な銃の多くの術語はほとんど中国語から翻訳したものである。例えば、「黒老虎」と呼ばれる自動拳銃を、チベット人は意訳してタナクポ（stag nag po）と呼んでいる。銃がチベット高原に流入したのは19世紀の前半である。20世紀の初期にヨーロッパの旧式ライフルや弾丸が流入した。そして、ロシアの最新式のライフル、ドイツ、チェコ、中国、日本製のモーゼル銃がシベリア、モンゴル、中国、インドから密輸されてきた。チベット人はイギリス人から非常に高い値段でこれらの銃を購入した。ライフルは精度が高いため、馬に乗って発射することも簡単だったが、弾薬を手に入れるのは非常に困難であり、高い値段を払わされた [Ekvall 1964: 1129-1131]。

1958年以前の青海省各地では、小銃、ピストル、機関銃等が使用されていた。公式の記録によると、青海省チベット族が使用した銃は、中国の漢陽製、30式、79式、旧ソ連製等であった。村長等の百戸や千戸は、ピストル、スピードローダーを装着した銃を所有していた（陳 1995: 275）。当時の政府の調査によると、青海省黄南チベット族自治州で民主改革時代、蜂起に使用された自動小銃27丁、火縄銃2839丁、82型迫撃砲2門、60型迫撃砲1門、機関銃40丁、銃27丁、その他6681丁、銃弾8万3千発が押収され、その後、1990年までに、銃計1万、銃弾9万強が押収された [黄南州地方誌編纂委員会 1999: 908]。

青海省地域における化隆回族自治県の回族の一部は銃製造を現在も行っている。中華民国時代、青海省地域を20年間支配した回族軍閥馬歩芳の兵器廠の技術を継承しているといわれ、製造される銃は中国の銃のヤミ市場で非常に有名である。西寧から化隆回族自治県を通る自動車道端には政府による「個人の拳銃生産を厳重に打撃す

る」というスローガンを書いた旗が近年まで掲げられていた。シンジルトによると、1999年に1丁のライフルを購入するには羊およそ120匹〜160匹（当時の価格では羊1匹250元）が必要であった。銃弾の価格は口径7.62mmが1発5〜7元で、口径7.9mmは1発が8元であった[シンジルト 2003: 238]。

　沢庫県政府の官僚W氏によると、「1980年代から1990年代初期までは個人所有の銃が多かった。山で山神に祈るためのサンを焚く時、銃を持っている村人が常に空に向けて打ち放った。1996年から銃の管理が厳しくなり、公安部などによって捜査活動が行われ、大量の銃が没収された。しかし、まだ多くの人が銃を隠し持って使っていた。その後、確か2001年だと思うが、再び広範囲に、かつ前より厳密に捜査をし、銃を押収した。当時は捜査で銃を発見した場合も、自首として処理された。2001年以後、個人所有の銃は違法とされ取締の対象となった」[2016年10月15日聞き取り、元局長、男性、53歳]。中国政府は1996年第8回全国人民大会常務委員会第20回会議で「中華人民共和国の銃の管理法」を設定し、同年10月1日から実施された。2002年からは「公務上における銃の配備法」、「護送専従者における銃の使用管理法」、「射撃運動の銃の配置法」などを定めたので、銃の保有と使用範囲はより厳しくなったのである[周 2012: 134]。現在、現地遊牧民で銃を所有しているものはほとんどいない。紛争事件が終結した直後、現地政府の緊急捜査活動によってすべての銃が押収されたからだという。

3) 現在同仁県に所属する7つの村、つまり、スホチ（sa dkyil）村、ロンウ（rong bo）村、ウイワ（bis ba）村、テウ（the bu）村、ジャモ（'ja mo）村、ツォシ（tso bzhi）村、ソリ（sog ru）村である。1950年代以前の伝統的な社会では本書の対象地域のロンウ村と同じくレプコンであり、ナンソ政権の支配下であった。

4) 同仁県と沢庫県地域の最高位のラマである。現在僧侶約500人超が所属するロンウ大僧院（ゲルク派）は、この地域の最も大きいゲルク派の僧院である。ロンウ大僧院の従属寺院は18もある。シャルラマはロンウ大僧院の寺主であり、同時に青海省人民代表大会の代表、青海省仏教協会の理事長、同仁県政治協商会議の副主席の仕事も引き受けている。

5) ロンウ大僧院の主要なラマ約30名の中でも影響力の強いラマの1人。
6) ロンウ大僧院の主要なラマ約30名の中でも影響力の強いラマの1人。
7) セルラ（gser lag）大僧院（ゲルク派）は同徳県ジャンチュンカダン地域に位置するが、ゴンコンマ集落を含む4400人の民衆が信仰する。現在僧侶約1000人が住んでいるといわれる。メソラマはこの大僧院のラマである。
8) 同徳県東南部、バスイ郷に位置するシャンチ（sing khari）寺院（ニンマ派）は現在僧侶約700人が住んでいるといわれる。ケンポラマはこの寺院の寺主である。

第5章 夏の営地をめぐる問題とその解決

第5章◆夏の営地をめぐる問題とその解決

　アムドチベットの遊牧民地域では伝統的に、夏と秋、冬春の3つの営地の間を移動した。移動の時期は、ホンポ（村長）や長老会などの組織の判断、または密教行者やラマ等の占いによって決まり、集団で移動する。牧民の放牧単位は羊とヤクを中心に、平均一家70〜100頭の家畜、馬3〜5頭、2〜3匹の犬、そして家族10〜15人である。移動するのは1つの村で少なくとも100戸になる。したがって、多くの人と家畜が毎年同じルートを使って季節ごとの営地に移動することになる。

　準備は営地に移動する2〜3日前から行われるが、ツァンパ（ハダカムギの炒粉）、バター、チーズ等の食糧、乾燥した家畜の糞（燃料）や食器、衣類、テントや家具等生活と放牧に必要な全ての物を荷作りしなければならない。出発する前日はサンを焚いて山神に道中の無事等を祈り、羊やヤクを殺し、家族揃って御馳走を食べる。当日は全ての荷物を20〜30頭のヤクに乗せて移動を開始する。あとにはそれまで使ったかまどしか残らないが、出発する前に感謝の気持ちでそこに穀粒を撒いて祈る。営地が近い場合は数日、遠い営地の場合は20〜30日もかけて、ほぼ決まったコースを移動する。

　夏の営地にはチベット暦の6月に、秋の営地には9月に、冬春の営地には10月に移動し、最後の場所では半年以上も放牧する。当日1人は一足先に到着し、営地にかまどを築く。個々の営地は基本的に年々固定されているが、事情によって営地に到着後、新たに営地を区分する場合もある。

　阿部によると、チベット自治区のチャンタン（北部の高原）のアンドゥ（安多）一帯で夏に放牧する人々は、冬はタングラ山脈を越えて長江最上流部の放牧地（青海省地域）に移動する。20〜30kmくらい北へ行くことになるが、標高がそれほど変わらないので特別に寒くはならない。また、青海湖南岸の牧民は、夏はロンブセチェン（青海湖南山、標高4500m）で放牧する。秋

に最も標高の低い湖岸（同3300m）に下がり、真冬になるとやや高い山腹の冬営地に移る。湖が凍ると気温の逆転現象が生まれ、山腹のほうが暖かいからである [阿部 2012: 13]。

　大量の家畜と牧民の移動は上述したように時間もかかるが、途中で他村の営地を通過することは常にある。この場合は、相手の村に挨拶して行くが、大量の家畜は他村の草を食べ、営地に損害を与えるので、長期間の滞在は反対される。したがって、毎年同じルートを使って境界を越えて行く場合は、決まった時間内に通過するようにしている。

　中華人民共和国が成立する以前から、ロンウ村の牧草地であるゼチョンワ（広さ1.4万ha）地域には同徳県シャラン村が毎年夏に移牧し、夏の営地として使用する習慣があった。しかし、移牧するルートの広さや時間等ははっきり決まっておらず、常にこれをめぐって敵対関係が生まれた。とりわけ1980年代の末から家畜の私有、放牧地の個人管理政策が進むにつれて問題になってきた。前章で述べたように、ロンウ村はゴンコンマ村と交戦状態になることによって、ある意味同徳県の全ての牧畜村部落と敵対状態になった。

　本章ではロンウ村とシャラン村の夏営地に関する問題、すなわちロンウ村において1990年代後半に起きた暴力事件を題材に、その発生と解決のプロセスについて具体的に検討する。ロンウ村とシャラン村の間では、長い間夏営地をめぐる緊張関係が継続してきたが、ロンウ村は1990年代後半、両村の間に起きた暴力事件をきっかけとし、行政の力を巧みに利用して夏営地の所有権を全面的に取り戻したのである。

1　問題の発生とそのプロセス

　シャラン村は青海省海南チベット族自治州同徳県の東南部に

第5章◆夏の営地をめぐる問題とその解決

位置し、県政府所在地からは1km離れている。東は沢庫県ホル村と隣接し、南はゴンコンマ村、西は興海県アチュ村、北は貴南県ルツァン村と接している。同徳県誌によると、シャラン村は現在の甘粛省夏河一帯から黄南チベット族自治州同仁県に移住してきたものであるが、現地の村と紛争があったため、同徳県に移住してきたされる。移住した時期は確定できないが、現在も同仁県にはその一部とされる村がシャラン村として残っている。

現在同徳県のバスイ郷に所属するかつてのシャラン6部には、1958年の統計では749世帯、人口4581人が住んでいた。1958年の民主改革後、旧来の自然村が再編され、現在は17行政村に編成されて、バスイ郷に所属している。1990年代の総人口は8000人強であった [同徳県地方誌編纂委員会 1999: 43]。1950年代以前は千戸制度によって支配されてきたが、1923年、西寧を根拠地とする回族軍閥馬一族の侵略に対してゴンコンマ村と連携して抗税運動を行ったことが記されている [陳 1991: 166]。したがって、1950年代以前には、ゴンコンマ村との連係関係があったことは明らかである。

シャラン村の夏営地はロンウ村のゼチョンワ地域（地図5参照）であった。ロンウ村の長老によると、ゼチョンワ地帯は1950年代以前の伝統的社会の時代に、ロンウ村のザングとシャラン村ホンポの会談によって、一時的にシャラン村の夏営地として貸したものである。しかしその後、シャラン村は長年ゼチョンワを夏営地として利用し続け、ロンウ村に返さなかったという。毎年旧暦の6月にカチョン谷（ロンウ村の領内）、ニンシュウ谷（同）、タクセル谷（ホル村の領内）を通って10～15日をかけてゼチョンワに移動し、1カ月以上そこで放牧する習慣があった。1962年青海省政府によって沢庫県の全ての人民公社が郷政府とされ、放牧地の区画整理が行われた。この時、青海省

地図5　同徳県（同徳県誌の地図を基に筆者作成）

政府はゼチョンワを正式にシャラン村の夏営地としたのである。

　実際には、省政府は移動や放牧する期間などの規定をしなかったので、ロンウ・シャラン両村はこれをめぐり長年敵対状態になり、しばしば暴力的紛争を引き起こした。特に1971年、同徳県シャラン村と沢庫県ロンウ村は互いに発砲し、双方に死傷者を出す事件を起こした。1973年にも再び銃撃戦を行い、双方に死傷者を出した。その時は青海省政府と、両自治州の政府によって調停を行い、両村の間で協議し、国務院に報告した [同徳県地方誌編纂委員会 1999: 21]。1984年、青海省政府と両自治州、県の政府によって発表された文書の内容は次の通りである。

第5章◆夏の営地をめぐる問題とその解決

　すでに1962年から沢庫県ロンウ村と同徳県シャラン村の間の夏営地に関する青海省政府文書があった。しかし、両村の理解の違いによって常に紛争が発生した。1973年再び青海省政府がこれに関する文書を示したので、紛争は一時沈静した。最近また両村の間には常に喧嘩や小規模な争いが発生したため、青海省政府は地方政府とともに以下のように規定する。両村は62年の文書を守り、73年文書を廃棄するものとする。とりわけある地名に対する両村の理解が違っており、今回は地図によって明らかにしているため、それに従うようにせよ。カチョン谷はシャラン村の通路であるため、ロンウ村はそこの幅50mの土地を通路として使用させるべし。1984年5月31日より実施。[資料3]

　ところがこの内容も現実的ではなく、明らかに普通の牧民にとって曖昧な部分が多かったため問題の解決にはならず、両村は毎年の夏にしばしば問題を引き起こした。とりわけ1995年はロンウ村とゴンコンマ村の境界線をめぐる紛争の影響によって、シャラン村は夏営地に移動することができなかったという。翌1996年、青海省人民政府は「52号文書」（写真17〜写真19）を発して次のように規定した。

　ゼチョンワ（広さ1.4万ha）は同徳県バスイ郷の夏営地であり、バスイ郷は毎年チベット暦の6月5日から7月19日の45日間ゼチョンワにおける放牧権がある。往復の時間は20日であり、放牧期間とあわせて65日である。特別な事情がある場合は、シャラン村が所属するバスイ郷政府とロンウ村が所属するニンシュウ郷政府が相談して解決すべきである。カチョン谷、ニンシュウ谷、タクセル谷は移動のための通路であるが、ロンウ村とホル村は幅80mの通路を開くことにする。1996年

写真17　青海省政府による「52号」文書（1、2枚目）

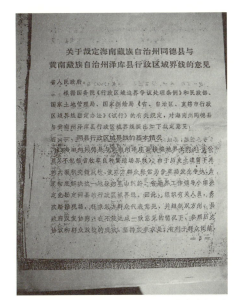

写真18　青海省政府による「52号」文書（3、4枚目）

第5章◆夏の営地をめぐる問題とその解決

 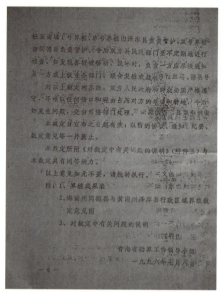

写真19　青海省政府による「52号」文書（5、6枚目）

7月8日より実施する。[資料8]

　これは以前の文書より規定が詳細である。しかしその直後、シャラン村側はこの文書の時期規定を守らず、その後も問題が発生した。
　翌1997年の夏、ロンウ村は黄南チベット族自治州政府に要望書を出したが、その内容は次の通りである。

　シャラン村は近頃、牧場を保護する名目で、16戸が規定された時期より先にゼチョンワに入り、テントを張っている。これは「52号文書」の規定に違反しており、州政府はただちに対応してほしい。このような放牧地の使用権を侵害する態度に対して我々ロンウ村は不満を持っている。これにすぐ対応せず、無視するのであれば、今後問題が深刻化し、暴力的

な紛争が起きた場合は、わが村はその責任は一切負わない。また、このような問題は二度と発生しないことを望む。シャラン村が省政府の文書を無視して勝手に調整するのであれば、「52号文書」そのものを根本的に変える必要がある。ゴンコンマ村との境界線5.8万haについての問題も改めて調整する必要がある。1997年6月8日

このようにロンウ村は1998年も州政府に要望書を出している。1996年の青海省政府による「52号文書」は、両村の紛争問題を最終的に解決することはできなかったのである。

1.1 暴力事件の再発とその経過

上述したように、青海省政府によって1962年、それまでロンウ村の領域であったゼチョンワがシャラン村の夏営地とされてから、ロンウ村とシャラン村は敵対関係となり、常に暴力的事件が引き起こされた（表7参照）。

長年の夏営地をめぐる紛争によって生まれた敵対感情はすぐに消えるものではなかった。ロンウ村のG氏は次のように述べ

表7　夏営地をめぐる問題の経過

1962年	放牧地の区画整理が行われ、正式にゼチョンワをシャラン村の夏営地とした。
1971年	銃撃戦によって死傷者が出た。
1973年	紛争が起きたが、新たに協議書が成立し、夏営地の所有権をロンウ村が取り戻した。
1984年	1973年の協議書を廃棄し、再び62年の決定によって、ゼチョンワをシャラン村の夏営地とした。
1996年	青海省人民政府によって協議書「52号文書」が出された。
1998年7月23日	同徳県における暴力事件が発生した。
1998年	夏営地の所有権を全てロンウ村が取り戻した。
2000年7月15日	調停書公開。

第5章◆夏の営地をめぐる問題とその解決

る。

　　紛争の影響は非常に大きかった。1997年ロンウ村とゴンコンマ村との調停書が公開され、紛争問題が解決した後、牧民たちは、同徳県に行って買い物したり、畜産物を売ったりした。しかし、途中でシャラン村の男たちと遭遇すると、強盗や殴り合いなどの事件が頻発した。1997年には、ロンウ村の男のバイクや冬虫夏草等がシャラン村の者に強奪され服を脱がされた事件、また、ロンウ村の親子が殴打され現金が奪われる事件があった。しかし被害者が警察を呼ばないうえに公安当局にも訴えなかったため、村としては大きな事件にすることを避けて個人問題であるとされた。[2014年9月10日聞き取り、現ロンウ村のザング、男性、50歳]

　実際は、地理的にロンウ村は両州の境界線付近に位置するため、沢庫よりも同徳に非常に近いのである。したがって、牧民がバイクで同徳へ買物等に行くのは普通であった。G氏が述べるように、個人的事件は常にあったが、大きな集団的事件につながらなかったということは、余りにひどい事件はなかったという意味であろう。ところが、1998年の7月23日に非常に悲惨な事件が同徳県で発生した。
　ロンウ村の代表がのちの調停者に提供した報告（資料27）によると、その事件は以下のようなものである。

　　1998年7月23日、ロンウ村の46人（僧侶2人、子供1人、少年3人、男40人）がトラクター6台とバイク1台に、羊52頭、ヤクの毛403kg、羊の毛319kg、チーズ104kg、大麦炒粉130kgを載せて同徳に商売に行ったところ、シャラン村の約500人が突然現れ、「殺せ」などと言いながら石で殴ったり、

ナイフで刺したりした。このため全身16カ所を刺された者など重傷者31人、半身不随になった者2人、負傷者多数を出した。トラクターは壊され、家畜はその場で屠殺される等全ての財産を奪われた。[資料3]

ロンウ村は奪われた全ての物品、重傷者に対する賠償を求める文書を当時のスパ（調停者）に提出した。
ロンウ村のG氏は次のように述べる。

　当日（1998年7月23日）、ロンウ村の者たちが路上で露店を広げたところ、シャラン村の者と遭遇して衝突が発生した。シャラン村の大学生1人が殺害され、ロンウ村は33人の重傷者を出した。最終的に、同徳県の武装警察によってロンウ村の人たちが警察本部に保護され、翌24日、33人の重傷者たち

写真20　ロンウ村の集会場所

第5章◆夏の営地をめぐる問題とその解決

写真21　集会に参加するロンウ村の男たち

　が政府の保護によって村に帰ってきた。ロンウ村は緊急集会を行い、境界線付近で銃を乱射した。シャラン村も朝からロンウ村とゴンコンマ村の境界線付近に来て銃を乱射したが、両州政府の交渉があって大きな紛争には至らなかった。[2014年9月10日聞き取り、同上人物]

　同徳県警察本部は事件発生直後、つまり23日の夕方ロンウ村が所属する沢庫県政府に連絡し、翌日から郷政府や村の代表等が同徳県政府で交渉を行った。
　筆者はロンウ村が所属するニンシュウ郷の当時の郷長に話を聞くことができた。彼によると事件の顚末は次のようなものであった。

7月23日、ロンウ村の46人は一緒に同徳に行ったのではない。当日の商売も1つの場所で一緒にしているわけではなかった。彼らは別々の場所で商売をしていたが、ある場所で衝突が発生したので、皆集まってきたのである。ロンウ村の人たちが集まると、シャラン村側もほぼ全村の男2000～3000人が来て殴り合いをやった。その中には別村の人もいるというが、当日は非常に混乱していたため、確定できない。塀で囲った空き屋にロンウ村の者を連れ込んで、彼らを囲んで殴った。混乱の中、30代の男が抜け出してロンウ村に報告しにきた。当時、我々は同徳県公安部からその情報を聞き沢庫県政府に報告し、ロンウ村の集会等で警告した。私は沢庫県の代表として何人かと一緒に怪我人を引き取りに行ったが、彼らはその日何も食べておらず、お腹がすごく減っていた。子供は無事だったが、年上の1人は重傷だったのでその夜西寧の病院に運ばれた。その他の怪我人は次の日にしかロンウ村に戻ることはできなかった。事件後は、両自治州の公安部や検察院が連携して事件を調べたが、殺された大学生の凶器は自分のナイフであり、具体的に誰が殺したかについてははっきりしなかった。したがって、政府は刑事事件として容疑者を逮捕することもできなかった。[2016年8月4日聞き取り、元ニンシュウ郷長、男性、58歳]

　この事件の翌24日から、両政府の民政局等の官僚が両村に対してそれぞれ交渉を行った。ロンウ村とシャラン村はゴンコンマ村と違って遠く離れているため、大規模な集団的紛争は起こらなかった。しかし、ロンウ村はシャラン村の男1人を人質として誘拐し、5日間監禁監視した。
　この件について、前出のR氏は次のように語った。

人質を具体的にいつ、どこで、誰が捕まえてきたかについては知らなかった。我々郷政府がロンウ村が人質を監禁していることを知ったのは、シャラン村が同徳県に報告して、そこからニンシュウ郷に連絡してからであった。その時は、すでに5日ぐらい経っていたが、シャラン村の男はロンウ村の民家で監禁されていた。しかし、当事者に聞いたところロンウ村は彼に対して虐待はしなかったし、逆にその家は常に御馳走を出し、友好的だったという。我々はすぐ彼をシャラン村に帰した。[2016年聞き取り、同上人物]

そもそも人質を取られたこと自体は当の相手にとって恥辱であったが、チベット人は習慣として人質を殺したり、虐待したりはしない。紛争事件などが発生して、調停者が現れない場合、人質を誘拐して事件を解決する手段とすることもある。

実際、この人質となったシャラン村の男の母親が心配のため亡くなったとされたが、R氏の話からすると、郷政府は誘拐した犯人を擁護している可能性が高いと思われる。最終的に、青海省政府の指示によって、影響力の強いラマを調停者として解決したのである。

1.2 結果と影響

シャラン村とロンウ村には長年続く夏営地の問題が存在するが、1995年からロンウ村とゴンコンマ村の間に紛争が起き、その影響によってシャラン村が1年間夏営地に移動することができなかったこともあった。また、今回同徳県で発生した暴力事件によって、ロンウ村はある意味同徳県全体と敵対関係になっていた。それによってロンウ村が同徳県において経済活動等を行うことが困難になったことは明らかである。

また、今回の事件によって、シャラン村の夏営地とされてきたゼチョンワ（1.4万ha）の所有権は事件後の1998年にロンウ村が取り戻したという。筆者はこれに関する正式の文書を手に入れることができなかったが、ロンウ村のザング（上述のG氏）によると、1998年青海省政府は、シャラン村に対して省政府が所有する軍馬飼養場（境界線付近に位置する）の牧場の中で0.6万haの放牧地の使用権を与えたという。これで、ロンウ村とシャラン村における夏営地をめぐる問題が再発することを防ぐことができたのかもしれない。

　ゴンコンマ村の境界線をめぐる紛争事件と同じく、青海省政府は放牧地の各戸への割当区画の問題を解決した後、スパを決定して、同徳県における暴力事件の調停を行った。2000年7月15日公開された調停書によると、この事件の被害者は、シャラン村側は大学生1人が死亡、重傷者8人である。ロンウ村側は重傷者31人、半身不随の者2人である。さらにロンウ村のトラクター5台が壊され、1台は廃車となった。羊20頭が殺された。また、ロンウ村に人質として監禁されたシャラン村の男の母親が心配のあまり死亡した（資料28参照）。

　これらの死傷者に対して最終的に互いにトン（賠償金）を支払った。まず、ロンウ村はシャラン村の死者1人に対して5万元を、重傷者8人の医療費を精算したうえで1人当たり賠償金500元を、人質として誘拐した者に対して500元を支払うことになった。調停についての議論を行う時、シャラン村の代表による報告には虚疑の疑いがあった。これに対してシャラン村は1万元をロンウ村に支払って謝罪する。そして、シャラン村はロンウ村に対して、重傷者11人（スパが認めた数）の医療費を精算したうえ、1人当たり賠償金500元を支払うものとされた。さらに壊されたトラクター5台を修理し、廃車となった1台には6000元を賠償する。ウグ寺院とロンウ村に銃を乱射したことに

対しては1万元を支払わなければならないとされた。以前のゴンコンマ村との事件ほどの損失はなかったが、死傷者が出たことは、双方の関係に非常に大きな影響を与えたのである。

2　調　停

　今回の事件が起こったのは、ほぼ20年前の1998年7月23日であるが、スパが正式に調停を行ったのは2000年6月17日からである。そして1カ月の時間をかけて2000年7月15日に調停書をようやく公開した。事件発生から約2年間は、両州政府と公安部、検察院が事件の調査を行い、刑法の適用によって関係者を処罰しようとした。これによってロンウ村の当事者4人が逮捕された。彼らの1人は頭目とされ、1人は殺人の容疑者とされ、別の2人は銃不法所持の疑いで2カ月間ほど監獄に入れられた。しかし、最終的に証拠が不十分で釈放された。死者は自分のナイフで刺されており、誰が刺したかは確定できなかった。

　その後、両村の代表と両自治州政府が意見を交わして慣習法によって解決することとし、スパを決定した。スパは双方ともが尊敬するデチェン寺院のロタラマ[1]である。事件後、人質や家畜の紛失等の問題があったが、大きな紛争には至らなかったので、境界線問題のような停戦の儀式はなかった。しかし、双方の代表各6名がスジェ（調停議論）に参加し、20日以上議論を行った結果、スユ（調停書、写真22〜写真24）の公開儀式を行い、事件を解決することができた。

　ロンウ村のG氏は次のように述べる。

　　当時は貴徳県でスユが公開されたが、双方12人の代表と、各州政府や県政府、郷政府等の官僚も参加した。ロタラマはスユを公開したとき、各代表に対して非常に厳しく長い説教

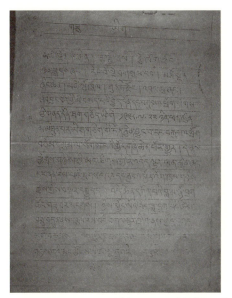

写真22　ロンウ村とシャラン村との調停書（1、2枚目）

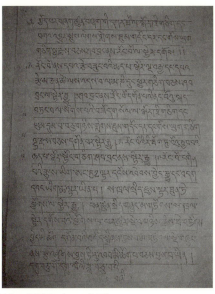

写真23　ロンウ村とシャラン村との調停書（3、4枚目）

第5章◆夏の営地をめぐる問題とその解決

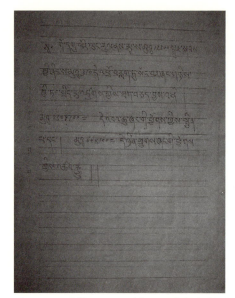

写真24　ロンウ村とシャラン村との調停書（5枚目）

を行った。その後、双方の代表はカンジュル[2]（大蔵経）を拝んで、誓約を行った。誓いの内容は、今後互いに兄弟として友好的な関係を作り、二度と暴力的な事件を引き起こさないことである。[2014年8月4日聞き取り、現ロンウ村のザング、男性、48歳]

　ロンウ村は以前の境界線をめぐる事件では誓約を拒否したが、今回はG氏が述べるように、誓約を行ったのである。実際この儀式の効果は大きく、その後両村の間での争いはほとんどなくなった。以下、ロンウ村とシャラン村のスユを引用する。

青海省、黄南チベット族自治州沢庫県、ニンシュウ郷ロンウ3村と青海省海南チベット族自治州同徳県、バスイ郷シャラン村の間における死傷と盗難事件の決定書

　1998年7月23日、双方の間で1人が死亡し、数人が重傷者となり、さらに盗難等を伴う事件が起きた。双方の民衆と両州政府との協議によって、デチェン僧院のロタラマをスパとして解決するよう希望された。2000年6月17日から両州政府の指示のもと、貴徳県で調停議論を行った。双方の県政府と郷政府の官僚と両村の代表それぞれ6人とスパが、ほぼ20日間議論し双方に勧告した。海南チベット族自治州の副州長と黄南チベット族自治州の副州長にも常に議論の内容を報告し、彼らは県と郷政府の官僚と相談してこれを支持した。双方の民衆にも団結の重大性と民族内部の損失について、とりわけレプコン内部の問題であることを説教した。双方の代表は互いに尊敬と譲歩の意を示し意見を一致させることができた。スパが決定し双方の代表によって認められたものは以下の通りである。

1) シャラン村の死者1人に対してロンウ村はカンジュルのセット、六字真言1億回（紙に印字されたもの）、遺族に対して5万元、織物とお茶を渡して懺悔する。
2) 死者の家族は復讐したり、犯人を探ったりしないよう約束する。
3) 双方3人ずつの身体に障害を生じた者に対して、1人あたり4000元を賠償する。
4) シャラン村の重傷者8人に対して、ロンウ村は1人当たり500元を賠償する。
5) ロンウ村の重傷者11人に対して、シャラン村は1人当

たり500元を賠償する。
6) 双方の重傷者全てに対して、双方が相手の医療費を負担する。
7) シャラン村は事件当事者の所有物を全てロンウ村に返却する。また、紛失した物に対して価格通り現金で計算して賠償する。羊20頭は価格通り計算し、故障した5台のトラクターの修理代を賠償する。破壊された1台のトラクターに対して6000元を賠償する。
8) 調停議論を行う時、シャラン村の代表による報告に虚疑の疑いがあった。シャラン村はこれに対して1万元をロンウ村に支払って謝罪する。
9) ロンウ村はシャラン村の男を人質として誘拐したことに対して500元、そして人質とされた者の母親の死亡に対して、1億回の六字真言を渡して懺悔する。
10) シャラン村はウグ僧院とロンウ村に銃を乱射したことに対して、ロンウ村に1000元を賠償する。
11) ウグ僧院の利用地代は青海省政府の「52号文書」通り実施し、地代は政府に渡し、各集団や個人の干渉は禁止する。以上の規定の他、1999年10月12日にジョタクパ（停戦）を実施してから、盗難や略奪した家畜は全て返し、家畜が無い場合は現金で精算する。

また、1995年1月1日以降双方が盗難や略奪した家畜は、代表双方が認めたものについては、家畜または現金を返す。今回決定したことは、民衆の悪い習慣にならないよう注意し、スユの決定した内容を厳格に守り、今後とも双方の間に二度と紛争を起こさないよう努力する。今後、双方の民衆は共産党と政府の役人を尊重し、中国の特色ある社会主義建設のために努力し、共産党と国家から与えられた責任を常に負い、民族団結と経済向上などの発展のため平和な社会を作り、長

い団結を保つようにする。

貴徳県にて2000年7月15日 [資料28]

　以上がスユの内容であるが、以前の境界線をめぐる事件のスユと同じように、文末には調停の公開式に参加した者の署名が記され、拇印が押してあった。このスユの公開式には双方の代表12人とスパたち以外に、黄南チベット族自治州と海南チベット族自治州の両副州長、沢庫県の副県長、同徳県の人民代表、そして、各県の公安部の局長と郷長などの政府の代表者も参加していた。

　上述したように、この事件については捜査が行われ数人が逮捕されたが、証拠不足で釈放された。最終的には慣習法に基づいて、スパによる調停によって解決した。その内容は第4章で提示した境界線をめぐる紛争のスユとほぼ変わらないが、前回の教訓を汲み取って今回の儀式では両村の代表12人が誓約を行ったのである。

　スパであるロタラマは第4章の事例と同じく、元果洛チベット族自治州の政協秘書長であった、今回の事件を処理した時は退職（当時ほぼ70歳）していたが、青海省政府の依頼によってスパの役割を果たしたことは明らかである。

3　小　括

　本章ではロンウ村とシャラン村の夏営地をめぐる問題を発端として発生した暴力事件とその解決のプロセスを提示した。

　ロンウ村とシャラン村の間では、もともと1950年代以前から夏営地に関する村長間の契約があった。1950年代、中国共産党の民主改革時代まで、シャラン村からすれば夏営地への移牧は歴史の中ですでに放牧の習慣として形成されていた。1962年か

第5章◆夏の営地をめぐる問題とその解決

ら青海省政府の区画によってゼチョンワは正式にシャラン村の夏営地とされた。その後、両村は主に移動と放牧の期間、そして冬営地への越境等に関して紛争を引き起こしてきた。青海省政府と現地政府は常に双方の民衆代表と相談し、数回にわたって協議書を決定してきたが、問題を解決することはできなかった。

1995年からゴンコンマ村とロンウ村の間には境界線をめぐる大規模な紛争（第4章）が起きたが、その影響により、1995年は、シャラン村も夏営地に移動することができなかった。翌1996年には青海省政府の文件「52号文書」によって、ゴンコンマ村とロンウ村の境界線の区画と、シャラン村とロンウ村の夏営地に関する家畜移動と放牧の期間、移動時間や、放牧滞在時間等が明確にされた。

しかし、1998年には前述した大きな暴力事件が発生した。この問題の原因は、表面的には1962年以後の家畜の移動時間や放牧滞在時間、そして家畜の越境問題であるが、根本的な問題は夏営地の所有権に関するものであった。もちろん、歴史的要素もあったが、青海省政府による区画が深刻な結果を招いたといえる。政府はこれを認識し、1998年に暴力事件が再発すると、夏営地の所有権をロンウ村に返すことで事件の再発を防ごうとした。

また、今回の暴力事件に関しては、現地政府が刑法によって解決しようとしたが、犯人を特定することができず、解決することができなかった。最終的に、慣習法による解決を認め、地方のラマをスパとし、賠償調停によって解決した。スパの調停方法は基本的にゴンコンマ村との境界線をめぐる事件と同じようなものであるが、今回はスユの公開式で両村の代表が誓約を行い、事件再発の防止を誓った。

注

1) デチェン寺院は1928年、黄南チベット族自治州尖札県に位置するラモデチェン僧院の貫主であるロタラマによって創設された。現在の同徳県バスイ郷（シャラン村が所属する）の南部に位置する。1966年に文化大革命の影響によって破壊され、1984年に再建された。ロタラマはこの時、果洛チベット自治州の政協秘書長であった。
2) カンジュルには経蔵部と律蔵部が含まれている。

第6章

考　察
——現代チベット社会における地域紛争の背景とその解決

第6章◆考 察

1 アムドチベット遊牧社会における「好戦性」と「男らしさ」

　吐蕃王国分裂後、アムド地域では長い間有力な統一的な政治権力は現れなかった。各地では独立した集落共同体、または共同体連合を作り、集落内部ではホンポ（村長）や長老会などが慣習法に従って治安を維持していた。放牧地の境界は慣習的には存在したが、それは非常に曖昧なものであった。このため、常に家畜の略奪や、家畜の越境をめぐる紛争が発生した。

　例えば、青海省黄南チベット族自治州同仁県ジャウ村と甘粛省夏河県ガンジャ村の放牧地境界線をめぐっては、1915年に地域紛争が発生したが、およそ35年間解決することができず、双方の間には銃撃戦を伴う緊張関係が続いた。紛争中、双方の90人が殺され、70人が重傷者、100人以上の軽傷者を出した。結局、1950年代の中国共産党による民主改革によって強権をもって解決された［楊多才旦 2001: 96］。

　また、青海省黄南チベット族自治州河南モンゴル自治県ニンムタ郷と甘粛省碼曲県ングラ郷の放牧境界をめぐる長年の紛争は1999年まで続き、大規模な紛争の際は2000人が戦闘に参加し、ライフル等の銃を使用し、結局、双方で死者45人を出した。最終的にラブラン僧院等の上位ラマの調停によって解決することができた［シンジルト 2003: 211］。大規模な銃撃戦を伴う紛争は1990年代になると一層深刻になってきた。

　Ekvallによると、チベット族は昔から戦争を盛んに行ってきたとされ、彼はこの点を以下のように説明する。

　　チベット族は「bde」（平和）という言葉を中心にして挨拶する。彼らは全ての出会いに決まった挨拶語として「khyod

bde mo yin na」（あなたは平和ですか）と聞く。期待する言葉は当然「nga bde mo yin」（私は平和です）である。このように主要な関心事は誰にあっても、平和に関するものである。おそらくこれは昔から戦争が常に存在したからである。コミュニティにとって、平和についての理解は、具体的には逃亡者や脆弱な個人にまで行き渡っている。[Ekvall 1964：1120]

　彼はチベット人について、好戦性を持ち、常に争いのためにトレーニングをして生きている典型的な遊牧民であると指摘する。
　チベット族はチベット仏教を信仰し、因果応報と輪廻転生の観念を基にしているといえる。その社会的道徳を大まかにいうと、リーダーに忠実で、父母を尊敬し、妻は夫に従い、男尊女卑である。伝統的慣習法を尊重し、肉体労働を賤業とし、武力や勇敢さを尊び、盗みを批難し、善行を称賛し、寺と僧侶などの修行者を尊敬し、信義を重んじ、義侠心を誇る等である [張 2002a: 13]。
　また、チベットの多くの地域において、タブーとして魚を食べない習慣があるが、それは魚の繁殖力が強く殺生の罪が重いということであった。ヤクや羊等家畜の放生活動も常に行うが、これはツェタル（tshe thar）といって、本来は生き物の命を解放する意味であるが、牧民たちは、家畜への感謝、慈悲や利他等の意味でも行う。このように多くの習慣は仏教の基本的信念と深く関係し、殺生や暴力などの人を傷ける行為は全て悪とされる。
　その一方で、チベット地域は、土地が広くて人口は少ないため、強盗の成功率が非常に高い。特に集落内では、男の武力や勇敢さを尊び、他集落の者に対する強盗を誉れとしていた。男として敵対集落に対する強盗を一回も行うことができなかった

第6章◆考 察

ものは、笑い者とされた。

　青海省黄南チベット族自治州にハァチョ（dpa mchog）と呼ばれる村があるが、この村の名前は「無敵の英雄」という意味である。現地の村人によると、400年前この地に力強い若者がいて、彼は常にあちこちで略奪、強盗をはたらき、非常に有名になった。人々は彼にハァチョと名づけたが、それがいつの間にか彼がいた村の名前になった。この地域では多くの略奪や強盗に成功すると、村長に推挙されることもあった。

　このような略奪や強盗行為は若者たちに重んじられ、今日でも略奪や強盗事件は普遍的なものになっている。各地域において専門的な略奪者もいれば、敵の村で強盗をする者もいる。彼らが他の集落で略奪や強盗をした場合、相手側に捕えられて殺されても賠償を求めることはできない。強盗や略奪は勇敢であると評価されるが、盗みは道徳違反とされ、特に集落内部での盗みには重罰が科せられる [陳 1995: 244]。

　遊牧民は男らしさを強調し、紛争のため、あるいはオオカミ等の野性動物の害を防ぐためにも、男たちには勇敢さ、力の強さ、集落の防衛などが期待されている。Pirieは、アムドチベットの男の理想像として、チベットの口承文学上の英雄『ケサル大王』の性格を想定している。彼女によれば、「アムドの男たちは、ケサルの野性やシャーマン的特質、そして、怒りや挑戦的性格、権威に対する抵抗やリーダーへの不服従等を理想として男らしさ、または社会的地位を獲得し、暴力紛争を引き起こすのである」という [Pirie 2008: 219]。

　ロンウ村のD氏は次のように述べる。

　　1950年代以前には、男は15歳になると父からナイフや火縄銃を買ってもらい、正式に男としての責任を与えられた。銃は一般的に馬術やサンを焚く時大気を清めるために発砲し、

またオオカミや熊、ヒマラヤネズミ、ウサギ等の狩猟などに使った。一旦紛争が発生した場合はザングやチュダなどによって全ての男が銃を携帯して集合するよう要求されるので、たいていの男は銃を所有していた。

　また、家畜の略奪は多くの地域において行われたが、相手集落の男もほとんど銃を持っているため、家畜の略奪に成功することはそれほど簡単なものではなかった。ロンウ村には、ソドクタルという男がいたが、彼は地域で有名な男前であり、1950年代以前の伝統社会の時は略奪や喧嘩で有名であり、若者の憧れであった。1958年彼は地域蜂起の頭目として投獄されたが、当時彼1人で解放軍兵士100人を殺したという噂がある。1995年、ロンウ村とゴンコンマ村の間で境界線をめぐって紛争が起きた時、彼は70歳ぐらいであったが、ロンウ村の長老として紛争への対策を指導した。ロンウ村はザングを選ぶ時も、背が高くて頭のいい人、雄弁、勇敢で力強い者を選んだ。現在は国の法律が厳しいので、略奪も少なくなってきた。[2015年9月1日、牧民、男性、78歳]

D氏が述べるロンウ村のソドクタルについては、ロンウ村の史書にも詳しい記述が残っていた。それは次のようなものである。

　彼は1930年に生まれ2004年に亡くなった。彼は非常に賢い人で、頑固な人であり、雄弁であった。普通の人は彼の話の意味がわからない。自分の考え方を簡単に人に表さず、相手の表情と話し方を観察することでその人の考え方がわかった。民主改革時代、ソドクタルの馬といって、非常に賢く不思議な馬を持っていた。その馬は常に敵の気配を感じることができ、強い鼻息で敵がいることを知らせた。1959年に投獄され、

20年間の禁固刑を受け1979年に釈放された。1994年から沢庫県の第4回と第5回の政協委員に選出された。1995年のロンウ村とゴンコンマ村の紛争事件と、1998年のロンウ村とシャラン村の暴力事件を解決した時、彼はロンウ村の代表として事件を平和的に解決することができ、社会的安全と発展のため努力した。[rtse dge 'dun rgyal mtshan 2012: 382]

また、1995年にロンウ村と争った相手であるゴンコンマ村にもトジャルブンという有名人がいた。彼もまた地域のヒーロー的な存在であったというが、残念ながら筆者はこの人物に関する資料を手に入れることができなかった。しかし、このような地域的なヒーローはロンウ村だけではなく、多くの地域に存在する。

チベット族の牧民社会ではこのように、強盗や略奪は勇敢な行為とされ、男性に期待される性格と行動の一部となっている。村の中にはホンポやチュダ等のリーダーが存在し、村人の慣習を遵守させようとする。Pirieがいうように、「チベット族の暴力の行使は、規範と期待によって防げられるが、村長や長老会はその義務として争いを防ぐ一方で、外敵の攻撃に対しては全村を団結させなければならない。個人も、復讐のために相手を攻撃しなければならないが、一方で平和と妥協のために行動を抑制することが期待される。このような規範の矛盾は、人々の行為への評価と期待に不確実性と曖昧さを引き起こすのである」[Pirie 2008: 224]。

上述のように、ここにはチベット族の遊牧民の暴力をめぐる社会的習慣の矛盾が非常に鮮明に現れている。彼らは、チベット仏教を信じる一方で武力や勇敢さを重視し、義俠心を重んじ、常に紛争を引き起こし、時には仏教の教えに反する暴力や殺人などの行為を男らしいものとして称えるのである。その男らし

さの理想像はD氏が述べる地域公認のヒーロー的な存在である。
　つまり、仏教に基づく社会的規範は彼らの略奪や強盗的行為を抑制するが、外敵を防ぐために時にはコミュニティのリーダーをはじめとして平時の社会的規範を超越する行為も正当化される。かくして略奪、強盗、殺人等の暴力的な行為は男らしさの表現として社会的に承認され期待されている。
　上述したようにEkvallは、アムド地域における紛争の原因は地域固有の産業である牧畜と関連しているとし、チベット族の好戦性を当てはめる。しかし、彼の論述は1930年代の事例から得られたものであり、現代国家成立後のアムド社会と一律には論じられない。一方、Pirieの事例は現代国家成立後、50年間も経過した現代アムド社会の事例でありながら、その一因としてアムド人の男らしさを当てはめるのである。
　アムドチベット族の好戦性や男らしさという価値判断は、地域紛争の心理的な基層を形成し、とりわけ1950年代以前の伝統的な社会では、それが地域紛争の一因となっている。しかし、現代アムドチベットにおける紛争については、特に現代の歴史的に複雑な経過をなおざりにして述べることはできない。中華人民共和国の成立後、とりわけ1958年から始まる大躍進、そして1966年から10年間の文革、1978年からの改革・開放等の社会的変動は、アムドチベット社会に大きな変化を与えた。本書では、ロンウ村の社会的、歴史的な変化を背景としてそこにおける地域紛争を分析してきた。現代の歴史的変動の影響は非常に大きいにもかかわらず、男らしさという伝統は今日でも維持されているのである。その一方で、現代の社会的歴史的な変動による行政区域、法律、経済等の変化の影響は非常に大きいといえるのであろう。

2　行政の介入による混乱

　中華人民共和国が成立したのち、とりわけ1956年から1959年にかけて中国共産党は反右派闘争と地方民族主義に反対する運動を起こし、伝統的な村社会の構造を破壊し、宗教改革の名のもとに寺院の権威を奪った。これに対してチベット人の武装蜂起がアムド各地で起きた。黄南チベット族自治州ロンウ村では、1958年からほとんどの男性が地域蜂起に参加したが、人民解放軍の激しい弾圧によって村の人口は成人男子を中心に以前の2500人近くから1000人余に激減した。ロンウ村はそのため子供と女性しか残らない寡婦村になったにもかかわらず、政府によって「全村反革命」すなわち「土匪」とされ、これ以後中国共産党の厳しい監視下に置かれ、蜂起に参加しなかった隣村からも激しい差別を受けた。

　この後長い間、ロンウ村は労働人口の減少によって村内では貧困が続き、村外では政府差別と隣村からの圧迫によって、元の広い放牧地が狭くなった。隣接する村がロンウ村区域内で放牧しても反撃することなく、不満と不平を持ちながらも、貧困生活が続いた。そんな中、1966年から10年間に及ぶ文化大革命が起き、1958年に続いて地域住民は再び衝撃的な社会運動に巻きこまれた。宗教施設は破壊され、多くの住民が1958年の民主改革に対する地域蜂起の残党として殺された。とりわけ紅衛兵や解放軍は、そこで人の眼球を抉り取る、耳をそぐ、手足を切断する等の非常に残虐な行為をした。

　1976年の「四人組」の逮捕によって10年間の文化大革命が終結した。そして、その2年後、「改革・開放」政策が発表され、農牧業の自営のほか、言語と宗教生活、芸術、演劇、方言使用を含む文化の復興が許可された。また、家庭請負制が実施され、

農牧民の自営生産が可能になった。

　1980年代になって、中央政府は青海省では行政制度を民族自治州、郷、行政村に変更した。しかし、1984年から新たに裁定された集落間の境界線は、以前の放牧習慣と異なる所が各地に存在し、それがもとで新たな地域紛争が起こるケースがあった。Pirieがいうように、中国政府は軍事的にも政治的にもアムドチベット族の遊牧民に対して、通信、市場、牧畜活動、教育と産児制限などのコントロールを非常に強力に行った。だが、遊牧民の間に横行する暴力を完全に制止することはできなかった [Pirie 2005: 25]。

　1990年代からチベット地域における紛争は一層深刻になったが、とりわけロンウ村にとっては、上述のような歴史の影響は非常に大きかった。ロンウ村のJ氏は次のように述べる。

> 　1958年ロンウ村では全ての男が地域蜂起に参加した。彼らは必死に抵抗したが、人民解放軍に鎮圧された。当時、ロンウ村の鎮圧に協力したのは同徳県の同じチベット人民衆であった。1995年、同徳県ゴンコンマ村とロンウ村の間に放牧地の境界線をめぐる紛争が起きたが、当時ゴンコンマ村が中央政府に出した報告書では、紛争は1958年の地域蜂起と深くが関係あることを述べていた。[2015年10月12日聞き取り、牧民、男性、47歳]

　したがって、1958年以前から境界線の問題があったとしても、ロンウ村側にとって、1958年のジェノサイド的弾圧の影響は非常に大きかったといえる。これはのちの紛争の直接原因とはいえないが、双方の間に根強い仇敵意識が存在することの一因である。

　一方、改革・開放政策が実施され、各県の人民公社を郷人民

政府とし、生産大隊や小隊が解消されたのは、ようやく1984年のことであった。また、土地生産責任請負制すなわち事実上の自営制が行われたのもこの時期であった [沢庫県地方誌編纂委員会 2005: 57]。Pirieの報告によれば、1980年代中国政府によって各地域の境界線が画定され、それによって多くの地域における長年の紛争を解決しようとした。しかし、村の伝統的な境界は信仰する山神などの慣習によって認識されるが、現地政府が定めた新たな境界線とはずれることがあった [Pirie 2005: 21]。

ロンウ村の場合、境界線と夏営地の2つの紛争については、Pirieが指摘するような区画の問題である。前述したように、省政府はロンウ村とゴンコンマ村の境界線、そして、ロンウ村とシャラン村の夏営地の所有権についても、1984年と1962年に全く異なる決定を行ったのである。実際、所有権に関して双方の当事者に話を聞くと、見解が全く異なることは当然であった。境界線であれ、夏営地であれ、行政の恣意的措置の影響によってかえって地域住民の間に大きな混乱と不満、対立を生み出すことがしばしばあったのである。

3　現代刑法と慣習法の矛盾

1984年から中国政府は少数民族地域に対して「両少一寛」政策を打ち出した。つまり、逮捕と死刑を少なくし、事件処理を寛大にする政策である。それ以前には逮捕と死刑が多かったことを示すものでもあるが、文化大革命の終結とともに、伝統社会の長老会や寺院等の機能も回復し、行政当局も多くの集団的地域紛争はラマや長老会等によって解決することを認めざるを得なくなった。これによってチベット人地域の刑事事件も民事事件も慣習法による賠償・調停によって解決することが可能となった。

ロンウ村とゴンコンマ村の間では、1957年から1984年まで、絶え間なく境界線の紛争が続いていた。省政府は何回も調停しようとしたが解決することができず、1995年の大規模な紛争にまで発展したのである。

　実際、1954年から沢庫県では県人民裁判所が存在していたが、文化大革命により一時停止させられた。1973年から県政府と裁判所が回復し、刑事や民事事件を処理していたとされる。1950年代から1990年代の間に州、県人民裁判所が裁決した民事事件は計7417件とされるが、実際に裁判所の判決によるものは601件、つまりわずか8.10％だけであって、残りの5754件、すなわち全体の77.6％は民間調停、慣習法に従って解決されたものである [黄南州地方誌編纂委員会 1999: 924、927]。この間は、現代刑法も刑事訴訟法も事実上存在しなかったも同然であるため、当然のことであるが、アムドチベットの社会では、慣習法によって解決することが一般的であった。

　青海省と甘粛省の境界線では、1950年代から1984年まで境界に接する村落は常に紛争を引き起こし、大量の死者を出してきた。両省政府は、約40年間事件解決のため現地で何回も交渉した。時には中央政府にまで報告し、中央政府からの指示もあったが、紛争を解決することはできなかった。1983年10月、現地のラブラン僧院ジャムヤン・ラマ等3人の調停によって、ようやく協定を結び、翌1984年2月に両省境界をめぐる事件は解決に至った [黄南州地方誌編纂委員会 1999: 899]。

　このように、伝統社会から引き継がれて地域の宗教的影響力の高いラマたちの活躍は非常に多かった。特に1980年代は、パンチェン・ラマ10世の活躍によって、チベット各地での地域紛争が解決した。例えば、上述した青海省と甘粛省の境界問題も1970年代はパンチェン・ラマ10世に報告し、最終的に彼の権威ある命令によって、ジャムヤン・ラマ等が調停を行ったのであ

第6章◆考　察

る。また、甘粛省の夏河県ガンジャ郷と青海省循化県ガンツァ郷の間でも1970年代末から長年にわたって紛争が続いていたが、1983年パンチェン・ラマ10世による公式協議が成立し、境界線を明らかにすることができた。彼の裁定は公平な判断と受止められた [熊 2013: 152]。

ロンウ村のT氏は、こうした点について次のように述べる。

> 村内部で起きた事件であれ、外部で起きた事件であれ、チベット人同士では基本的にチベット式（bod gzu）に従って、すなわち慣習法によって解決するのがある種の礼儀である。若者たちが喧嘩等で軽い怪我をしたような場合にはもちろん、加害者側が被害者側にお茶やハタ（白いスカーフ）等を持参してゴズ（mgo 'dzul）をした。この場合は、本人ではなく加害者の家の代表者と調停者（一般的には村長）たちが一緒に被害者の家に行って仲直りすることが基本的な礼儀である。重傷、もしくは殺人の場合もこのようゴズをするが、加害者側がゴズをしない場合、あるいは被害者側がそれを承認しない場合は、事件が悪化することを意味する。この時は、隣村の代表や親戚等による自発的な仲裁者も現れるが、かなりの額の賠償を支払うことによって調停されるのである。しかし、政府に告発する場合は非常に少なく、告発するような行為は事件の悪化を意味した。自分たち内部の事件を政府に告発することは「漢人に頼ることになる」といわれ、社会的輿論の反発が激しいのである。
> [2017年9月18日聞き取り、牧民、男性、82歳]

T氏が述べるように、どんな性質の紛争であれ、地方政府や裁判所に告発して国家の定めた現代法に従って解決することは、基本的に避けられる。それはおそらく未だに中国政府の現代法が現地チベット人になじまないことによるものであり、集団的

写真25　ラマと長老たち

紛争に対して個人に適応する現代刑法は無力であった。中華人民共和国成立から40年以上経っても、大部分の地域紛争は各地方政府から中央政府までの各レベルによる行政的介入によっては解決することはできず、ほとんどは現地の慣習法に従って、宗教的権威であるラマや長老会等によって解決されてきた。

　このような法の二重的構造に対して、中国国内では、1980年代から多くの学者が議論を重ねてきた。それらは大まかにいうと、2つの立場がある。1つは、チベット人である華熱多傑［1989］と索端智［1993］を主とする慣習法の実行と立法による立場である。もう1つは張［2002a～c］を代表とする学者たちで、慣習法をある段階までは現代法と二重的に実施し、最終的に廃止する立場である。

　現実としては、2000年以後、中国政府によってチベット地域の放牧地の私的管理（事実上の占有）が明確化され、さらに21

世紀に入り、退牧還草や生態移民などの政策が実施されることによって、放牧地やその境界線をめぐる地域紛争は事実上減少する傾向にある。2010年には、チベット地域では中央統一戦線部によって、少数民族地域の「両少一寛」政策を廃止する文書も出されたが、新たに出現してきた冬虫夏草や交通事故等による死亡事件の多発を原因とする紛争に対しても、刑法と民間の慣習法の二重の解決方法が使用されているのが現状である。

Pirieによると、1990年代マチュ（瑪曲。甘粛省甘南蔵族自治州に属す）では、ある殺人事件について警察は殺人犯を逮捕投獄したが、被害者の属する村は伝統法に従って遺族への賠償を求めた。遊牧民は地方政府に対抗して、彼ら自身の社会的な独自性を主張したのである [Pirie 2008: 235]。こうした事例では上述したロンウ村とゴンコンマ村の事件と同じように、現地政府も自らの行政区に所属する村を擁護する傾向があり、犯人を確定することができず、刑事事件であっても賠償金で解決するケースが多数であった。

2017年に起こった黄南チベット族自治州同仁県のシプサ村とドワ村による現地の土地所有権をめぐる紛争事件では、1人が死亡、数十人が負傷した。この事件はロンウ大僧院の代表による調停で解決したが、その死者の賠償金は65万元であった。しかし同時に政府は容疑者を確定し、投獄した。地域住民によると、少なくとも禁固10年以上の刑を受けたという。

4　調停者の機能

前述したように、チベット族の多くの紛争ケースでは、調停者は宗教的権威を持ったラマや長老会、村長等であった。彼らは現代の国家法律体系に拘束されるという意識はなく、刑事事件も民事事件も慣習法に従って、賠償と被賠償の形で解決して

きた。1950年代、民主改革によって集団化が進み、約30年間の人民公社制度によって紛争は減少し、寺院の破壊、伝統的組織の廃止によって、調停者たちの機能も失われた。

　1980年代、改革・開放によって各地で生産、宗教、文化等に関するより自由的な政策が実施され、民間組織も復活した。これに従って、調停者たちの機能が再び復活した。しかし、現代の国家法律の介入によって、調停者たちの機能が変質している部分も生まれた。1930年代のEkvall [1964] の事例から見ると、当時の調停者は自発的に紛争事件に関わることができ、調停者もラマだけではなく、村のホンポ（村長）と長老会等も介入することができた。しかし、筆者の1990年代からの調査では、調停者は全て地域で有名なラマであり、ほとんどが地域の政協委員であり、政府の依頼によって介入し、政府官僚と交渉しながら調停するのである。とりわけ区画に関しては最終的な決定権は省政府しか有さなかった。

　地方政府は紛争当事者を全て国民として扱い、厳格に現代刑法を執行することを求めているが、現代刑法は集団的紛争に対して無力であった。それを強制すれば地域住民の強い反発を招いた。例えば前述のように、Pirieによるマチュにおける調査事例では、警察の関与によって殺人犯を投獄するとともに遺族への賠償を求めた場合、遊牧民は地方政府に対抗して、彼ら自身の社会的な独自性を主張したとされる [Pirie 2008: 235]。つまり、個人のレベルでは現代法が適用されやすいとしても、集団紛争では、地域住民にとって歴史的な産物である慣習法の影響が未だに強く残されており、現代刑法よりも慣習法に従って行われる、民間組織や宗教的権威による調停が確実であった。特に1980年代以降のケースでは、宗教的な影響力を持つラマたちの調停の成功率が高いといえる。

　本書のロンウ村の事例でも明らかなように、境界線をめぐる

第6章◆考　察

　紛争の主要な調停者であったシャルラマは、地域住民にとっては、地域で最も影響力を持つ、権威の高い信仰すべきラマであり、最も信頼できる調停者であった。しかし、政府にとってシャルラマは、青海省人民代表大会の代表、青海省仏教協会の理事長、同仁県政治協商会議の副主席であり、紛争事件を解決する責任があったのである。このような調停者たちは政府の代表になれるし、民間の代表にもなれる。地方政府にとっては、伝統的調停者はその機能を活用できる存在であり、これを通して結果的に国家のコントロールを強化しているのである。

第7章 結論

第7章 ◆ 結　論

　本書はアムドチベット社会における地域紛争を主題として、青海省黄南チベット族自治州沢庫県に所属するロンウ村の歴史と社会について概観し、ロンウ村と隣村のゴンコンマ村、シャラン村との間に発生した2つの性質の異なる紛争事例を検討してきた。

　前者では、次のようなことが明らかになった。1950年代後半からロンウ村が経験したジェノサイド的事件などの外的影響によって、集落連合体の勢力が弱くなった。それによって、ロンウ村は境界線付近の広範な牧草地をゴンコンマ村に奪われてきた。1990年代になると、ロンウ村はその人口が回復し、勢力が復活してきた。また、貨幣経済の発展とともに牧民は家畜を増やしていくが、それによって放牧地が不足する問題に直面する。1990年代後半、両村の男たちは冬虫夏草の採集をめぐるトラブルを機に、放牧地の境界線をめぐって大規模な地域紛争（第4章）を引き起こした。ロンウ村はこれを機会に1980年代の境界区画で割譲された放牧地をすべて取り戻そうとした。行政的介入によって境界線を再画定することによって、彼らにとって不十分でありながら、一部の放牧地を取り戻すことができた。

　後者は、ロンウ村とシャラン村の間で起きた暴力事件であるが、両村は長い間夏営地をめぐる問題（第5章）で緊張関係が継続してきた。1990年代後半、両村の間に起きた暴力事件をきっかけとして、ロンウ村は行政の力を巧みに利用して夏営地の所有権を全面的に取り戻したのである。

　2つの事件とも当事者からすれば、大量な死傷者を出し、経済的にも社会的にも地域に非常に大きな影響を与えた。しかし、ロンウ村からすれば、2つの事件をきっかけとして広大な放牧地を取り戻すことができ、有利な結果になったともいえる。

　現代アムドチベット遊牧民社会において地域紛争が発生する理由に関して、本書では歴史的背景を検討してきたが、それは

3つの時期に分けて考える必要があるだろう。まず、第1期は1958年以前の伝統的な社会である。この時期のアムドチベット遊牧民社会には自立的な村落共同体があった。そこには本書の対象地域であるロンウ村のように有力なコミュニティが存在し、ザング（村長）とキュダ（家畜の管理人）、長老会などによって支配されてきた。支配の原則は成文化されることのない慣習法であった。家畜は私有、放牧地は共有が原則であった。家畜の季節移動等はザングや長老会の指導によって集団的に行われた。村内部における家庭や個人的争いに関しては、ザングや長老会がスパとして調停する義務があった。しかし、他の村との紛争は地方の宗教的・政治指導者等が紛争当事者の希望によって、あるいは自発的に介入し、慣習法によって調停を行った。

　第2期は、中国共産党による極端な集団化と文化大革命の時代である。1958年から中国共産党による民主改革すなわち伝統的支配者と僧侶の排除、還俗、投獄、寺院の破壊、牧民の信仰禁止が強制された。これに対して本書の対象地域であるロンウ村では、全ての男たちが全面的に抵抗したが、人民解放軍の激しい鎮圧によって、成人男子を中心に村の人口が半分ほどに減少した。このようなジェノサイド的事件はその後のロンウ村に決定的な影響を与えた。その後文革終了までの20年間近くは、村全体が「土匪村」とされ、子供たちも「土匪の子」と差別された。さらに、民主改革に続いて大躍進政策による飢餓の発生があった。

　1966年から10年間の文化大革命の破壊も激しく、再び人命と財産が失われた。この間、成人男子人口が激減したロンウ村は、複数の隣村による越境放牧に対してすぐに対応することができなかったため、境界近くの牧草地の一部は隣村に占拠された。コミュニティ全体の労働力が失われ、それによって隣村との関係が徐々に変化し、緊張状態になった。

第7章◆結　論

　第3期は、改革・開放政策が開始した以後の社会的文化的リバイバルと貨幣経済の浸透時期である。この時期、農牧業の自営が認められ、言語と宗教生活、伝統的習慣、芸術、演劇、方言の使用等を含む文化が復活した。特に寺院の再建、集落共同体の復興、信仰の自由、教育や儀礼的生活等の自由を認める政策がとられた。しかし、それはもはや以前の自立的な社会とは全く異なるものであった。とりわけ「家庭生産請負制」の実施により遊牧民たちは、それまで全く経験しなかった放牧地の自主的管理を認められた。ロンウ村の事例でわかるように、これとほとんど同時に進んだ行政当局による境界線区画は、民主改革と文化大革命の混乱期の越境放牧状態をそのまま承認したもので、ロンウ村からすれば、広大な放牧地が隣村に編入されることになった。

　家庭生産請負制の実施によって、それまで経験しなかった放牧や牧草地の個人的経営が生まれた。それによって集団的紛争の経済的土台が消滅し、家畜の越境放牧などトラブルは牧民個人間の利害関係に変化するはずであった。しかし、牧民の共同体への強い帰属意識は残り、行政による不適切な放牧地の境界設定がトラブルの原因として共同体間に残った。そのため、一旦は消滅するかに見えた伝統的なコミュニティは、依然として紛争の主体であり続けた。

　1980年代はまた、チベット人地域から多くの漢人官僚が引き揚げる[1]などの原因によって、一種の権力の空白が生まれた。いわゆる民主改革から文革後の1978年前後までは、「平原」すなわち漢人地域でも共産党の決議とその指導者の「鶴の一声」が法律であった。1979年から民法と刑法およびその訴訟法が整備されたのちも、チベット人地域では文革中地下に潜行した信仰とともに共同体の伝統的権力が残存していた。これに対して中国共産党は民主改革と文革時代に弾圧された伝統的支配層の

生存者を釈放して名誉を回復し、地域安定のために地方政協の委員などに任命する策を取った。政府はこれら1950年代以前のホンポやラマ等をスパとして依頼し、政府が許容できる範囲で慣習法に従って問題を解決しようとしたのである。

　本書では上述のように、現代アムドチベット社会における地域紛争について中華人民共和国体制下による社会的歴史的変動を主因として捉え、あるいはこのような外的な影響というものは非常に大きいことを明らかにしてきた。しかし、アムドチベット社会の内的な要因としては、遊牧民の地域紛争に対する心理的側面を挙げることができる。そこには「男らしさ」を尊重する伝統的価値観、尚武の気風が存在してきたが、それとともに牧民は強い仏教信仰を抱いている。殺人を伴う紛争は殺生を禁じる仏教の教えを犯すことを意味する。このような一種の自己撞着は、紛争が長引こうが最終的には再び宗教的権威によって決着を強いられ、平和的関係を回復するのである。したがって、アムドチベット社会には、常に牧草地等をめぐる地域紛争が存在するが、同時に平和社会を回復するある種の潜在的メカニズムが存在しているといえる。

　ロンウ村のケースでわかるように、今日の地域紛争には青海省・黄南チベット族自治州・沢庫県など行政当局が中国の現代法をもって関与することは避けられない。しかし本論で述べたように、この地域における集団的紛争には現代刑法の機械的な適用は困難であった。したがって、地域住民の対応としては、行政による介入の一部を拒絶しつつ、かつ行政の力を巧みに利用して問題を解決しようとしている。

　牧民にしてみれば、行政処分や現代法による裁判よりはスパ、とりわけ宗教的権威による調停は非常に納得できるものである。一方、行政側は伝統的権威を活用し、調停に用いることによって地域の安定を保つことができる。このように地方政府と地域

住民がそれぞれの目的を求めることによって、双方が協力する形で慣習法と国家による刑法という、法の二重支配構造が生まれたのである。

　いいかえれば、地域牧民は自立性を志向し、伝統的な慣習法による解決を希望するが、行政側は国民として法律を用いて、彼らをコントロールしようとしている。このような潜在的に対立する社会的ジレンマによって、中国共産党の権力・権威は、仏教信仰とその権威、集落共同体を支配する慣習の力に一定程度の妥協をせざるを得なかった。すなわち、地方政府と地域住民の関係は片方が一方的に弾圧しているわけではなく、事実上は相互に依存している関係であることは明らかである。

　近年の生産力の現代化や市場経済の浸透とともに、集団的地域紛争もやがて個人間の問題に帰するようになり、現代法が遊牧民地域に浸透することは時間の問題かもしれない。とりわけ、2000年以後、「西部大開発」政策による環境保護政策として実施された「退牧還草」や「生態移民」政策等によって、独立自営牧民が共同体から切り離され、また学校教育による個人意識の強化や職種の多様化等によって、チベット族の中国国民化のための政策はさらに強化されている。

注
1) 1980年代初期には、胡耀邦が少数民族地域に対して自治的政策を認めることによって多くの漢人官僚が引き揚げることが発生した。

Glossary

発　音	チベット語の綴り	意　味
アミクル	a myes gur	守護神名
アムド	a mdo	東北チベット
ウグ	bu dgu	寺院名
カチョン	ska chung	行政村名
キュダ	'khyug bdag	家畜管理者
サン	bsang	山神等を祀る焚き上げ儀式
ザング	tsan gi	（モンゴル語）村長
ジョタクパ	gyod btags pa	停戦
ジョディ	gyod 'dri	仲裁
スジェ	gzu gros	調停相談
スシェパ	gzu bshad pa	調停議論
スタクパ	gzu btags pa	（調停相談の）一時停止
スパ	gzu pa	調停者
スユ	gzu yig	調停書
セルチェン	gser chen	行政村名
セルロン	gser lung	行政村名
セルワン	gser bang	行政村名
ダカル	sbra dkar	集落名
ダナク	sbra nag	集落名
タナクポ	stag nag po	自動拳銃
タルチョ	dar lcog	祈禱旗
チャク	'khyag	糞
チャトン	khrag stong	血価
ツェタル	tshe thar	放生
ツェディリ	rtse 'dus ri	聖山の名
ツォワ	tsho ba	氏族
デワ	sde ba	集落
トン	stong	賠償
ナントン	nang stong	内部補償
ニキャ	mi skya	集落名
ネェンチンタンラ	gnyan chen tang lha	聖山名
ネェンポツェジャディリ	gnyan po rtse rgyal 'dus ri	聖山名

ホジョル	h'o cor	行政村名
ボダ	bod md' a	火縄銃
ホンポ	dpon po	村長
マクダ	dmag brda	緊急集合
マチェンボンラ	rma chen sbon ra	聖山名
ミトン	mi stong	命価
ヤラシャポ	yar lha sham po	聖山名
ラツェ	lab tse	山神に武器を祀る儀式の祭壇
ラマ	bla ma	転生活仏
ロンウ	rong bo	村名

引用・参考文献

チベット語

mkhar rme 'u bsam gtan（カルメサムテン）[2007] mda 'dang 'phang, krung go'i bod rig pa dpe skrun khang, 中国蔵学出版社.

gling rgya bla ma tshe ring（リンジャラマツェリン）[2002] reb gong gser mo ljongs kyi chos srid byung ba brjod pa 'dod 'byung gter gyi bum bzang, zhang kang gyi ling dpe skrun kang, 香港天馬出版社.

rgyal mo 'brug pa（ジャモドクパ）[2016] bod kyi lo rgyus gleng ba'i gtam, krung go'i bod rig pa dpe skrun khang, 中国蔵学出版社.

'jigs med bsam 'grub（ジュメサムディプ）[2013] reb gong lo rgyus chen mo, mi rigs dpe skrun khang, 民族出版社.

'brug thar dang sangs rgyas tshe ring（ドクテルとサンジェツェリン）[2005] mdo smad sma khug tsha 'gram yul gru'i lo rgyus deb thar chen mo, mi rigs dbe skrun khang, 民族出版社.

brag dgon pa dkon mchog bstan pa rab rgyas（ドゴンパコンチョテンパラブジェ）[1982] mdo smad chos 'byung, kan su'u mi rigs dpe skrun khang, 甘粛民族出版社.

rtse dge 'dun rgyal mtshan（ゼゲルデンジャムツェンら）[2012] rong bo sha bi nar sbra dkar nag gi lo rgyus dang rus mdzos pad ma dkar bo'i phreng ba, zi ling sam boh ta rig gnas dar spel khang.

英 語

Ekvall, Robert B. [1961] "The Nomadic Pattern of Living among the Tibetans as Preparation for War," *American Anthropologist*, 63: 1250-1263.

——— [1964] "Peace and War Among the Tibetan Nomads," *American Anthropologist*, 66: 1119-1148.

Hartley, Lauran R. [2002] "'Inventing Modernity' in A mdo: Views on the role of traditional Tibetan culture in a developing society," in Toni Huber (ed.), *A mdo Tibetans in Transition*, Leiden: Koninklijke Brill NV., pp. 1-25.
Huber, Toni [2002] "A mdo and its modern transition," in Toni Huber (ed.), *A mdo Tibetans in Transition*, Leiden: Koninklijke Brill NV., pp. xi-xxiii.
Manderscheid Angela, [2002] "Revival of a nomadic lifestyle: A survival strategy for dzam thang's Pastoralists," in Toni Huber (ed.), *A mdo Tibetans in Transition*, Leiden: Koninklijke Brill NV., pp. 271-289.
Pirie, Fernanda [2005] "Feuding, Mediation and The Negotiation of Authority among The Nomads of Eastern Tibet," Max Planck Institute for Social Anthropology Working Paper, No. 72.
―――― [2008] "Violance and Opposition among the Nomads of Amdo: Expectations of Leadership and Religious Authority," in Toni Huber (ed.), *Conflict and Social Order in Tibet and Inner Asia*, IDC Publishers, Martinus Nijhoff Publishers and VSP, pp. 217-240.
―――― [2012] "Legal dramas on the Amdo Grasslands: Adolition, Transformation or Survival?," in Katia Buffetrille (ed.), *Revisiting Rituals in a Changing Tibetan World*, Oxford University Press, pp. 83-107.

日本語

阿部治平 [1983]「チベット高原の農牧業分布と最近の動向」『人文地理』35 (2): 43-57。
―――― [2006]『もうひとつのチベット現代史』明石書店。
―――― [2008]「チベット封建制度はどんなものだったか」『東アジア研究』2008: 73-87。

――― [2012]『チベット高原の片隅で』連合出版。
上原周子 [2009]「チベット族による民族間紛争の解決に関する人類学的研究――中国青海省海東地区化隆回族自治県における事例から」北海道大学博士論文。
ガザンジェ [2016]『中国青海省チベット族村社会の変遷』連合出版。
ギルモア、デイヴィッド（前田俊子訳）[1994]『男らしさの人類学』春秋社。
―――（芝紘子訳）[1998]『攻撃の人類学』藤原書店。
栗本英世 [1999]『未開の戦争、現代の戦争』岩波書店。
ゴールドスタイン、メルヴィン・C.（楊海英監訳）[2012]『チベットの文化大革命――神懸かり尼僧の「造反有理」』風響社。
佐川徹 [2011]『暴力と歓待の民族誌――東アフリカ牧畜社会の戦争と平和』昭和堂。
シャカッパ、W. D. [1992]『チベット政治史』亜細亜大学アジア研究所。
シンジルト [2003]『民族の語りの文法――中国青海省モンゴル族の日常・紛争・教育』風響社。
高崎通浩 [1994]『世界の民族地図』作品社。
棚瀬慈郎 [2001]『インドヒマラヤのチベット世界――「女神の園」の民族誌』明石書店。
――― [2008]「インドヒマラヤのチベット系諸社会における婚姻と家運営」京都大学博士論文。
辻康吾・加藤千洋（編）[1995]『原典中国現代史 第4巻』岩波書店。
デンチョクジャプ [2015]「誰のために何を守るか」棚瀬慈郎・島村一平（編著）『草原と鉱石――モンゴル・チベットにおける資源開発と環境問題』243-259頁、明石書店。
ナムタルジャ [2017]「青海チベットにおける牧畜社会の変容に関する文化人類学的研究――中国青海省黄南チベット族自治州を中心として」滋賀県立大学博士論文。
毛里和子 [1998]『周縁からの中国』東京大学出版会。
山口瑞鳳 [1987]『チベット』（上、下）東京大学出版会。

ユン・チアン［1993］『ワイルド・スワン（上）』講談社。
楊海英［2014］『チベットに舞う日本刀――モンゴル騎兵の現代史』文藝春秋。
若林敬子・聶海松（編著）［2012］『中国人口問題の年譜と統計――1949〜2012年』御茶の水書房。

中国語
棚瀨慈郎（旦却加訳）［2017］『喜馬拉雅蔵族社会家庭与婚姻研究』青海人民出版社。
潘志成［2009］「蔵族社会伝統糾紛調解制度初探」『貴州民族学院学報』(1): 15–18。
馬林諾夫斯基（原江訳）［2007］『原始人的犯罪与習俗』法律出版社。
馬效忠［2014］『馬歩芳』中国文史出版社。
董朝陽［2011］「蔵族賠命金習慣法与国家制定法的衝突与調適」中国政法大学修士論文。
唐小民・佘毓惠［2011］「西蔵社会矛盾糾紛的予防和解決」『西蔵発展論壇』(4): 35–38。
同徳県地方誌編纂委員会［1999］『同徳県誌』民族出版社。
同仁県地方誌編纂委員会［1999］『同仁県誌』民族出版社。
南傑・隆英強［2009］「蔵族習慣法中的賠命価与倫理刑法的関係」『江蘇警官学院学報』24 (1): 84–90。
李虹［2011］「和諧社会視野下蔵族習慣法化解糾紛作用的実証分析――以甘南蔵族自治州某村的個案為例」『遼寧行政学院学報』13 (12): 56–61。
康涛［2015］「草山衝突治理失霊下対蔵区牧場承包制的反思」『西南民族大學学報』11: 102–108。
黄南蔵族自治州概況編写組［2009］『黄南蔵族自治州概況』青海人民出版社。
黄南州地方誌編纂委員会［1999］『黄南州誌』甘粛人民出版社。
海南州地方誌編纂委員会［1997］『海南州誌』民族出版社。
后宏偉［2011］「蔵族習慣法中的調解糾紛解決機制探析」『北方民族

大学学報』99（3）: 59-64。
華熱多傑［1989］「試析安多蔵区部落中懲罰制度的特点」『青海民族研究』（1）: 103-125。
———［1993］「浅談蔵族習慣法中命価的意義及其適用原則」『青海民族研究』（1）: 48-54。
———［2007］「从習慣到法律：一個古老定律的現代詮釈——以青海蔵族的民商事規則為例」『甘粛政法学院学報』93: 35-40。
———［2009］「法人類学視野里的農村民事規則——以青海省民和県抓咱蔵族村為例」『北方民族大學學報（哲学社会科学版）』86（2）: 58-61。
青海省誌編纂委員会［1987］『青海省誌』青海人民出版社。
熊征［2013］「甘南牧区蔵族民間糾紛的解決研究」蘭州大学博士論文。
———［2013］「20世紀以来蔵族部落糾紛解決方式研究述論」『青海民族研究』24（1）: 106-110。
———［2017］「群体取向下的"部落"実用主義与司法理性的冲突与調適——以安多蔵族伝統糾紛解決観為例」『広西大學學報』39（1）: 82-87。
張済民［2002a］『淵源流近——蔵族部落慣習法法規及案例輯録』青海人民出版社。
———［2002b］『尋根理枝——蔵族部落慣習法通論』青海人民出版社。
———［2002c］『諸説求真——蔵族部落慣習法専論』青海人民出版社。
周慧［2012］「槍支管理立法問題初探」『山東警察学院学報』122（2）: 133-137。
———［2015］「槍支管理理念探析」『山東警察学院学報』141（3）: 151-156。
周欣宇［2009］「文化与制度：蔵区命価糾紛的法律分析」西南政法大学博士論文。
陳光国［1997］『青海蔵族史』青海民族出版社。
陳慶英主編［1991］『中国蔵族部落』中国蔵学出版社。

―――――［1995］『蔵族部落制度研究』中国蔵学出版社。
曽麗容［2012］「近三十年来国内蔵族習慣法研究総述」『西蔵民族学院学報』33 (5): 65-71。
沢庫県地方誌編纂委員会［2005］『沢庫県誌』中国県鎮年鑑出版社。
次仁夏加［2011］『龍在雪域――一九四七年後的西蔵』左岸文化出版。
曹万順［2008］「蔵族習慣法中的賠命価芻議」『遼寧警専学報』(1): 28-30。
蘇発祥［2008］「挨克瓦尓与美国早期的蔵学研究」『西蔵民族学院学報』29 (4): 24-28。
索端智［1993］「関于"賠命価"与現行法律相協調的探討」『青海民族研究』(1): 61-63。
―――――［2006］「蔵族信仰崇拝中的山神体系及其地域社会象徴――以熱貢蔵区的田野研究為例」『思想戦線』32 (2): 91-96。
楊多才旦［2001］「蔵区草山糾紛的成因、危害和対策」『西蔵研究』(2): 96-106。
閆自敏［2015］「青海蔵区群体性突発事件解決機制研究――以同仁草山地界糾紛為例」『湖北函授大學学報』28 (6): 75-76。
王昱［2013］『青海簡史』青海人民出版社。
鄂崇栄［2010］「明代以来青海草場冲突糾紛及解決路径略」『青海民族研究』21 (3): 120-124。

ホームページ

https://zh.wikipedia.org/wiki/ 冬虫夏草

あとがき

　2014年に初めてロンウ村に行った時、調査のテーマとして考えていたのは地域紛争ではなく、2002年から、西部大開発の重要な政策として牧畜地域で実施されてきた「生態移民」や「退牧還草」に関することでした。しかし、現地で聞き取り調査を行った際、その話題は常に紛争に関するものになりました。そのため私も自然に地域紛争の問題に関心を持つようになりました。

　現在、中国政府の行う改革によって現地の村落共同体は公的に解体され、行政村が成立しています。しかし、いったん地域紛争が発生すれば、伝統的な村落共同体の論理が浮上し、時には自分の親戚でもある相手集落の村人との関係は、一瞬にして敵対的なものに変わります。ところが、紛争が解決するとたちまち彼らは仲直りし、秩序は回復され、日常的な生活が始まり、平和な社会が戻ります。このように、彼らは地域紛争のような非日常的な活動を機縁として、伝統的な村社会の論理に力を吹き込んでいます。

　本書で主張したいのは、チベット族の村社会における地域紛争の事例は、その好戦的な民族性や無秩序な社会状態を示しているのではなく、むしろ彼らには、伝統的な慣習法によって自主的、自律的に紛争を解決していく能力があるということを示しているということです。したがって彼らの社会は、本来は平和を志向し、秩序の維持を目指していることが明らかです。国家によって現代的な法律が施行されている今日、その秩序は地方政府や司法との関わりあいの上で実現されています。

　本書の執筆にあたっては、多くの方々からご指導とご助言を

いただきました。筆者の指導教官でもある滋賀県立大学人間文化学部教授の棚瀬慈郎先生からは、本書の作成からとりまとめに至るまで、厳しくもゆきとどいたご指導を賜りました。

また研究成果のとりまとめにあたって多くのご教示を賜った、元青海民族大学外語学院教師の阿部治平先生は元々筆者の日本語の先生であり、研究の最初の段階から本書の作成に至るまで、終始日本語をチェックしてくださいました。

本研究のためのデータ収集やフィールドワークを行う際、ロンウ村のラマ（སྦྲ་སྟོ་ཟུར་བགས་རྒྱ་མཚོ།）氏、村長ガサン（སྐལ་བཟང་རྒྱལ）氏、長老ツェハル（ཚེ་དཔལ）氏、ジェタン（རྗེ་བཏན）氏、ゴンコンマ村の長老であるタクマ（སྟག་མ）氏、カタウ（བཀའ་འཐུས）氏をはじめ、多くの方々からの協力を賜り、数々の貴重な資料を提供していただきました。これらの方々に心より感謝申し上げます。

また、私の日本での8年間の留学を支え、励ましてくれた両親、伯父、そのほかの家族、親戚にも感謝の意を表します。

2019年10月

著　者

資料編

◆資料編

資料1　沢庫県と同徳県の放牧地をめぐる協議書

　1959年10月29日、沢庫と同徳の県政府の官僚によって、同徳県ホペ人民公社のシャティ僧院で会議を開いた。この会議は民衆団結と生産発展に基づいて、双方の放牧地に関係する以前の書類を研究し、以前明らかにしていない境界線を明らかにした。これに関して一致した内容は以下の項目である。

1. カチョン谷底における同徳と沢庫の境界線は、カチョン谷底の中間通路の南は沢庫県の放牧地、通路の北側は同徳県の放牧地とする。双方越境して放牧することは禁止する。
2. カチョン谷の西に関しては、1958年7月（不明）日の沢庫県ロンウ村と同徳県ゴンコンマ村の間の協議書の内容通りとする。また、ゴヅ谷とタワロン間の尾根の北側は、同徳県の放牧地で、南側は沢庫県の放牧地とする。双方越境して放牧することは禁止する。ロンウ村のウグ僧院は沢庫県の所有であるため、同徳県が破壊することは禁止する。
3. その他については以下の2つを決定した。

①沢庫県が以前カチョン谷の中間通路の北側で開墾した土地では、沢庫県が引き続き耕すことができる。しかし、その範囲を拡大することは禁止し、すでに耕したものを同徳県によって破壊することは禁止する。②ニンシュウ公社の牧民の冬営地を保護するため、同徳県は境界を越えて家畜に水をやることを禁止する。水をやる方法として水路を作るか水を分けて行うこととする。家畜の盗難に関しては、双方の民衆を説得して防止する。盗難が発生した場合は、捜査し、盗まれたものを返すか現金で賠償する。

　以上の項目は双方によって必ず守るものとする。

沢庫県の代表、リトンパン、タンチョンシン、チュペル、チュジャ、カルマ
同徳県の代表、ツェチンシャン、ロテン、ワンチェン、ヘトンファン、ヤンモ、ラクシェ、トジャ、ニァンツェ

1959年10月29日

資料2 青海省黄南チベット族自治州沢庫県ホル、ロンウ、海南チベット族自治州同徳県シャラン村の紛争に関する協議書

　解放後、中国共産党と人民政府は、毛沢東主席の指導下、民族間の関係は徐々に好転してきた。社会的安全保障を確保し、牧畜生産の発展によって、民衆の生活も進歩した。民族の団結は以前よりも堅固になった。畜産業の発展のため、黄南と海南チベット族自治州政府の主導下、沢庫県、同徳県、貴南県の間に調停委員会を成立した。委員会の議論によって双方は伝統的放牧を基礎として、自家自営を原則として牧民の牧草地と放牧に対して以下に規定を決定した。

1. シャラン村は夏営地へ自主的に村全体、または一部の牧民が移動する権利がある。これに対して双方とも干渉や強制しない。その他、チプルとバロン等（夏営地の付近）でも放牧する権利があり、双方とも干渉や強制をしない。
2. シャラン村は沢庫県の夏営地へ移動することはできるが冬営地で放牧することはしない。
3. 夏営地に移動した後、双方の草原管理委員会によって主導し、民衆を教育し、夏営地と冬営地の境界を明確にして、冬営地を保護する。
4. 秋に冬営地へ戻る時、草原管理委員会の主導下、双方の規定に従って戻る。移動の時シャラン村は止まらないで前へ進み、ホルとロンウは後ろで支障なく行かせることを決定する。
5. 冬営地に移動する時、双方の家庭が自家営地で放牧することを認めた場合は誰も干渉しない。
6. この決定を守って実施するため、ホル、ロンウ、シャランの幹部と、代表によって草原管理会を成立し、政府の主導下で厳しく監視する。

以上の内容は調停委員会の議論下、民衆代表も認めた上で一致したものであり、厳密に実施する。

　調停委員会、主任ゲリジャツォ（拇印）、副主任ワジャ（拇印）、トジャ（拇印）、チョジャ（拇印）、ロバ（拇印）、ゴフンチ（拇印）、マテンリン（拇印）、マシュタン（拇印）

　委員、ジュメソナム、コチンパン。リンロ（拇印）。ラバ（拇印）。ラジャ、テンチンシャン（拇印）、ロテン（拇印）、テンチョン、ワンジェ

◆資料編

ル、ワンチェン（拇印）、シャカ（拇印）

　ホルの代表、ヤンテン（拇印）、ツェテン（拇印）、セルモ（拇印）、ジョパ（拇印）、デツェン（拇印）、チャジュ（拇印）、ババ、トクジェ、チュコ、ワンデ（拇印）、ジャムヤン（拇印）、ロタ（拇印）、セムバ（拇印）、ヌバ（拇印）、タルコ（拇印）、ヤンツェ（拇印）、デンチョン（拇印）、ツェコ（拇印）、ジャムパル（拇印）

　シャランの代表、シュジャ（拇印）、シャチュジャ（拇印）、カルジャ（拇印）、ウジャ、ワコ、トポ、ツェタル、カジャ、ホンワシュル

（この資料の日付は不明であるが、提供者によると1964年であるという）

資料3　同徳県バスイ公社と沢庫県ニンシュウ公社の境界線の補充協議書

　同徳県バスイ公社と沢庫県ニンシュウ公社間の放牧地紛争は長年続き、歴史的な問題となっている。そのため、省、州、県等の政府は非常に重視している。今日まで8回にわたって調停を行った。1962年、双方は協議書を決定したが、双方の協議書に対する理解が異なり、紛争が続いた。1973年再び協議書を決定したが、当時の協議書の内容を実施したところ、双方の生産と民衆の生活に悪い影響が生まれ、事件を解決することはできなかった。近年双方は紛争が続き、双方は生産と経済に影響を生じ、安定団結、草原開発、牧畜の発展等に対する損害は極めて大きい。これらの問題を解決するため、省政府の副省長シャバと、省政協の委員であるタシナムジャル、民政庁の社会保護処の副処長ツタムラプジェなどの同志によって、幹部委員会を組織した。シャバ同志はその指導者として、海南チベット族自治州側の副州長マヤンシェ、人大（人民代表大会）委員室の副主任タンツォイ、民政局の局長ユボ、幹部イワンツェ、農牧局の幹部リフイ、同徳県県長ジャムヤン、県政府事務室の秘書ルゾンへ、同徳県バスイ公社の主任ゲラク、また黄南チベット族自治州の副州長ドジェツェリン、政協事務室の幹部ワンチェン、沢庫県副県長ジャムツェン、牧業科の科長ゴンポジャ、沢庫県ニンシュウ公社の副書

記ツェハ、ホル公社の副書記ラジャ、沢庫県バタン牧場の工場長ジュメテンジェン等によって 1984 年 5 月 24 日から 31 日まで、西寧商業庁の応接室で議論を行った。

　両州と両県の幹部たちは社会の安全と団結、草原建設、牧業生産等の発展に基づいて、数回の議論を行った。そこで、1982 年の協議は実質的に両村の民衆にとって、有利であることで一致した。最終的に、1962 年の協議書は今後も実施するが、20 年間の社会的変化を考慮し、以下の項目を補充する。

1. 1962 年 8 月 18 日、同徳県カチョン郷とバスイ郷、そして沢庫県のニンシュウ郷の間の紛争に関する協議書を実施した上で、1972 年の 72 号文書と 1973 年の 57 号文書の内容を廃棄する。1962 年の協議書と異なるものは全て廃棄する。1962 年の文書では部分的に双方の理解が異なり、問題のある部分に対して今回の議論によって明確に境界を決定する。
2. 草原開発を保護するため、同徳県がカゲン谷の鉄線で囲まれているところと、無人機補助耕作の地帯を保護し、破壊を防止する。
3. 以前同徳県のカチョン谷の真ん中の通路以下の牧草地は沢庫県ニンシュウ公社の飼料地であり、そこで建設されている家屋等はニンシュウ公社によって利用することができる。しかし、これ以上拡大することは禁止する。カチョン谷はバスイ公社など 5 の大隊が夏営地へ移動する通路であり、沢庫県ニンシュウ公社はそこで幅 50 メートルの通路を開くことにする。
4. 1962 年の協議書の第 5 節に決定されているニンシュウ郷とカチョン郷の境界はカチョン谷の底で、ゴズとチョリ間の境界はゴズの尾根による。双方の地名に対する理解が異なるため紛争が続いた。今後の境界線はラムロン川がゴズチェワの川までとする。

　青海省政府の代表、シャバ、タシナムジェル、タシドンドプ、ツチムラプジェである。
　海南チベット族自治州の代表、タンジャイ、マエンカイ、ユボ、イワンツェ、リフイ、ジャムヤン、ゲラク、ルツォンヘである。
　黄南チベット族自治州の代表、ドジェツェリン、ワンチョン、ジャム

◆資料編

ツェン、ゴンボジャ、ツェハ、ラジャ、ジュメテンジェンである。

1984 年 5 月 31 日

資料 4　カゲン谷の放牧地をめぐる問題に関する会議の記録

　1987 年 4 月 27 日から同年 5 月 7 日まで、青海省人民政府の幹部数人によって、海南チベット族自治州同徳県と黄南チベット族自治州の関係同志を招集して、カゲン谷の牧草地をめぐって西寧で会議を開いた。会議中、青海省副省長ガザンが両州と両県の代表に、カゲン谷の牧草地問題を解決するよう話した。本会議に参加したものは、青海省牧畜庁の副庁長パクモドルジェ、牧畜庁草原処の副処長ジュガ、省草原管理局の書記シンペン、幹部ブンバツェリン等。そして、海南チベット族自治州では、副州長ツェブンジャ、民政局の局長ユボ、農牧局の副局長ダントウケン、同徳県の県長ジャムヤン、副県長リフン、県政府事務室の主任シェンレン、区画事務室の主任ウヨチエン、バスイ郷の党委員書記ソパ、黄南チベット族自治州では、副州長ドルジェツェリン、民政局の局長アンタク、幹部オンチボ、土地管理局の幹部チュチンシン、沢庫県の副県長ワンディ、科学技術局のバホン、民政局の局長テンパラプジェ、幹部シポミン、ニンシュウ郷党員会の書記ツェハ等である。
　今回の会議に関する主な内容は以下のようである。
1.　海南チベット族自治州同徳県と黄南チベット族自治州沢庫県間では 1962 年の決定で協議書を出した。その後、1984 年にも協議書が出されていたが、その内容でも 1962 年の協議書は双方に有利であることが明らかにした。双方はこれからも 1962 年の協議書と 1984 年の協議書に基づいて放牧することを決定した。したがって、同徳県バスイ郷と沢庫県ニンシュウ郷間の境界線は明らかであるので、境界線に関しては変更しない。
2.　ニンシュウ郷ロンウ村がカゲンで放牧することに関しては 1962 年の協議書で決定しているように伝統的な放牧習慣に従って行う。1984 年の補充協議書では、同徳県がカゲン谷の鉄線で囲まれているところ

と、無人機補助耕作（無人機によって種まきと水を散水すること）の地帯を保護し、破壊を防止することが決定されている。その内容は1962年の協議書を元にして決定したものであり、双方は自己の理解によるルールを遵守する。安全団結、生産の発展、民衆の生活に有利的な判断をするため、今回の会議ではニンシュウ郷ロンウ村がカゲン谷で放牧することに関して明確に決定した。移動する時期は毎年の1月1日からであり、5月の15日までその牧草地を利用する権利があるものとする。この決定は双方によって厳しく守るべきであり、とりわけロンウ村は移動期間を厳格に守り、戻る時もテント等全ての荷物を片付けて、日にちをのばさない。また、移動する具体的な地帯に関しては1962年の協議書通りである。

3. 以前の草原管理委員会の幹部が転任することが多いため、双方の県と郷政府から情報提供し、草原管理委員会の工作を完全するよう委託する。また、草原管理委員会の幹部には、双方の民衆が内部で相談し、必ず民衆の信頼できる人を選挙する。
4. 今回の会議によって、両州と両県の政府によって、責任をとって指導者を激励し、細心の民衆の思想教育を行う。また、1962年の協議書と1984年の補充協議書、そして今回の会議記録の内容を厳しく実施することを決定する。

1987年5月7日

資料5　青海省政府による沢庫県ニンシュウ郷ロンウ村が同徳県カゲン谷で放牧する区域に関する決定とその実施に関する意見

省政府が決定した意見を厳密に実施するため、1988年12月23日から25日まで同徳県の飼料耕作区域に関して両州と県、郷の指導幹部と、双方の草原管理委員会によって会議を開いた。会議の参加者全員によって、ニンシュウ郷ロンウ村が同徳県カゲン谷での放牧区域が南山の日陰斜面からケツォコンマと北山の日向斜面、そしてムリ下部の東面までで

あることに意見が一致した。放牧する期間は毎年の1月1日から5月の15日までであり、双方厳密に実施し、上級機関の指示に違背しない。

また、双方の指導者を激励し、責任を持って民衆工作を行い、問題が発生した場合、その区域の指導者の責任として決定した。まじめに以前の「協議書」、「補充協議書」、「会議記録」、「知らせ」等の内容を厳密に実施し、あらゆる理由によって違背することはしないよう決定する。

1988年12月25日

青海省人民政府事務庁
青政（1988）文書14号
青海省人民政府の事務庁が黄南チベット族自治州沢庫県と海南チベット族自治州同徳県間における草原紛争の決定書に関する意見と回答書

　黄南チベット族自治州人民政府と海南チベット族自治州人民政府、青海省牧畜庁等へ

　青海省人民政府は黄南チベット族自治州人民政府と海南チベット族自治州人民政府、省牧畜庁等の関連する県と郷の工作団によって沢庫県ニンシュウ郷ロンウ村と同徳県カゲン谷に関する放牧区域について会議を開いて議論したところ、意見が一致したので、以下において知らせ、厳密に実施する。

　青海省政府の関係する機関によって決定したものを実施する過程で、両州政府の主な責任者たちとともに、双方の草原紛争に関して友好的に解決するよう地域住民に対して平等に政治思想教育を行った。双方は事件の全体性を見ながら、互いに理解の態度を示して上級組織の決定を実施することにした。特にこのような自主的に問題を解決することは本省の同族の関係問題を解決するために、他の地方と県が見習うべき模範的なものである。

　省政府は、今後も双方が交際中上級の決定を真剣に実施し、民族団結を発展し、隣村間に友好的関係を打ち立てて、牧業の発展に功績を立て

ることに希望を持っている。

会議参加者の姓名：

　海南チベット自治州の代表、州党委員会の書記ドンドプジャ、州事務室の主任ツェボ、同徳県の県長ジャムヤン、同徳県政府事務室の副主任ルジョヘ、ゴマン郷の党委員会の書記ロサム、タンゲン郷の郷長ツェブンジャ、同徳県政府の退職者ロテン、民衆代表オラジャムツォとニンカルジャである。

　黄南チベット族自治州の代表、州党委員会の書記ロサン、州政府事務室の副主任リフシン、民政局の幹部ホンチボ、沢庫県の副県長ワンディ、県組織部の副部長パクモタシ、ニンシュウ郷党委員会の書記ツェハ、民衆代表（名前なし）である。

　省政府の幹部団、省牧畜庁の副庁長パクモ、省牧畜庁草原処の副処長ジュクガ、省牧畜庁草原処の幹部シェボである。

1988 年 12 月 29 日

資料6　青海省人民政府の文書
青政（1988）10 号
青海省人民政府の事務庁がカゲン谷の放牧に関する
諸決定と意見通知
海南、黄南チベット族自治州、省牧畜庁、
民族調停委員会への通知

　カゲン谷の草原紛争を解決するため、青海省人民政府と関連する機関が数回にわたって工作を行い、すでに2つの協議書と会議記録を作成している。しかし、双方は厳密に守ることができなかったため、今年1月の上旬、省人民政府と黄南チベット族自治州等関連する県と郷政府の幹部によって改めて会議を行い以下の内容を決定した。

(1) 同徳県タンゲン郷とゴマン郷、沢庫県ニンシュウ郷がカゲン谷での

放牧をめぐる紛争に関して省人民政府と関係機関、県と郷双方の幹部によって数回の会議を行った。そこで参加者は、1962年の協議書、1984年の補充協議書、1987年の会議記録の内容は現在の状況と符合していることで一致し、引き続き採用することを決定した。
(2) ニンシュウ郷ロンウ牧民委員会の個別の牧民は1987年の会議記録を守らず、40日間ずらしてカゲン谷に移住する行為は「会議記録」の内容に違背しており、放牧方法も違背しているところが存在する。したがって、「会議記録」の内容と違背することに対して調査を行い厳しく対応する。ロンウ村は境界線付近でゴンコンマ村によって張られた鉄線を破壊しない。
(3) 上級機関が長年研究して決定した「会議記録」の内容に同徳県側が違背している。特に1987年青海省政府事務庁によって122号文書を発布した後も、同徳県側は以前に引き続いて鉄線で牧場を囲んでいるが、これは違反である。今後、争議のある放牧区に対しては事件を完全に解決するまでは鉄線を張る事業は禁止する。
(4) 1962年の協議書と1987年の会議記録の内容を基にして、双方の民衆から13人ずつ選出して改めて草原管理委員会を成立する必要がある。

また、草原管理委員会の義務は以下の項目である。
① 「協議書」と「会議記録」の内容を厳密に守るよう双方の民衆に教育する。
② ニンシュウ郷ロンウ村の慣習放牧の区域と、その区域の放牧方法について草原管理委員会によって決定する。
③ 草原管理を強化し、民衆は草原保護と合理的に使用するよう教育を行う。何か問題が発生した場合は委員会の議論によって決定する。
④ 合作と団結、譲歩し合うため、常に互いに連絡を取り、委員会会議を行う。双方の安全団結、調和的な社会作りに力を入れる。
州と県人民政府も草原管理委員会の工作に協力援助して、安全団結に有利的な工作をする。逆に、双方の関係が悪化させ、問題を複雑化させ、解決しにくい程度まで到達させない。紛争再発の防止と民族団結のために双方の幹部や民衆に教育するよう決定する。

青海省人民政府事務庁の印章、1988年2月3日

資料7　公開電文

黄南・海南両州の人民政府へ：

　近頃黄南、海南、同徳、沢庫等は青海省政府へカゲン谷の放牧状況が緊張していると、次々に電文や報告を出した。省政府はこれを非常に重視している。6月8日から沢庫県ニンシュウ郷の280張のテントが移動しており、大規模な紛争が起きる危険があるため、省政府として以下の意見を下す。

(1) 双方は社会的平和のために、片方だけの利益を考えて、カゲン谷の平和的な放牧を破壊することは禁止する。
(2) 双方は6月3日に決定された会議の4つの項目を守って実施する。事件の発生を防止するため、双方はすぐ県政府の担当者を現場へ派遣して対応する。紛争を防止するために民衆を教育せよ。
(3) 沢庫県人民政府は必ず1988年青海省人民政府の142号文書の決定内容を無条件に実施し、すでに移住した家畜と民衆を現場から撤退させる。撤退せず紛争事件まで発展した場合は沢庫県が全ての責任を背負う。
(4) 地域の矛盾を解消するため、同徳県は必ず譲歩の態度を示し、カゲン谷での放牧地を鉄線で囲む事業を停止する。
(5) 双方とも現地事情を事実に従って報告し、不正確な内容を控え、省政府の意見を実施した状況を常に青海省政府に報告せよ。

青海省政府民政局、1991年6月9日

資料8　青海省人民政府文件
青政「1996」52号

　青海人民政府から省区画工作指導組に配布する、海南チベット族自治州同徳県と黄南チベット族自治州沢庫県行政区域の境界線に関する意見の通知。

　海南、黄南チベット族自治州人民政府へ

　省人民政府は省区画工作指導組の「海南チベット族自治州同徳県と黄南チベット族自治州沢庫県行政区域の境界線を画定する意見」に同意し、ここに通知する。今後、この内容に従って厳格に実施せよ。

　法に照らして境界を管理し、効果的に境界紛争を解決し、境界地区の社会安全を実現するために行政区域を画定することは、政府の重大な行為である。境界双方の各級政府は党と人民に対して高度に責任を取り、省区画工作指導組の画定を断固に行う。境界地域の民衆の法律意識を高めるため教育し、民族団結の大局を念頭にして、法によって境界を守って放牧と資源開発をせよ。境界付近はむつまじく暮らし、共同に境界地域の社会的安定を守るべし。各級政府は、行政区画管理部の区画の画定と標木を立てる工作を積極的に協力し、法によって区画管理工作を行い、行政区画の工作によって我が省の経済的建設をより効果的に勤めよる。

1996年7月8日

海南チベット族自治州同徳県と黄南チベット族自治州
沢庫県間の行政境界線区画の意見

省人民政府へ：

　国務院の「行政区域境界争議処理条例」と、民政部、国家土地管理局、国家測量局の「省、自治区、直轄市の行政区域境界線の区画方法」（試行）の規定に従って、海南チベット族自治州同徳県と黄南チベット族自治州沢庫県間の行政区域境界線への画定意見は以下の内容である。

1. 両県行政区域の境界線に関する基本的状況

海南州同徳県と黄南州沢庫県間の境界の長さは約81.1kmである（青海省牧草良種繁殖場は含まない）。歴史的に残された大面積に放牧地が交錯しているため、双方の民衆が常に放牧地のために紛争が引き起こしている。この問題を徹底的に解決するため、省区画工作指導組が両県の行政境界を画定することにした。関連する工作員が現場で数回調査し、双方民衆の意見を聞くため、両州と両県政府が数回の協議を行った。意見が一致できない場合、以前の協議書と放牧の現状を参照して、事実に基づくことを維持して、民衆団結、生産生活、自然資源の開発と保護、行政区画の管理等を原則として、海南州同徳県と黄南州沢庫県の境界線の画定に意見を与える。

2. 境界線方向の説明

　海南州同徳県と黄南州沢庫県行政区域境界線は、北端の同徳、貴南、沢庫3県の交会点（海抜3990m）の1号標木から、南へ高度3906mの山の脊梁から2号標木、そこから再び南下し2（1）号標木を通過して3号標木に到着し、そこで境界方向を東南に変え3（1）と3（2）号標木を経て4号標木までである。

　4号から5号までは青海省牧草良種繁殖場の区域である。5号から西南の6号、6号から西の7号を経てさらに南のカチョン谷の8号まで、そこから西南部のチェウ谷を沿って9号、そして南のニラロン川を沿って9（1）号標木までである。9（1）号標木から東南方向に変え、分水嶺を経て高度3828、3930mを貫き10号に到達する。そして引き続き分水嶺を経て高度3880mから11号標木まで、再び分水嶺を経て高度4168.6（三角点）、4060、4056、4083mを経て12号標木に着く。そこからさらに山の脊梁に上がり分水嶺に沿って高度4044mを経って13号に到達し、そこから西南の山の脊梁から降り14号を経て、続いて南下しムリシュマ谷から通路を経過して15号標木に着く。境界線は15号標木から東方向に変え、カゲン谷と寧果道路交差点にある16号、東方面のカゲン水とランチン水の合流点から、さらに東南方面のランチン谷と小路の交差点にある17号、そこから東南方面分水嶺を経って18号標木までである。境界線は東南方向の分水嶺を沿って高度4356、4419、4423、4374、（セルロン）、4425（ディリコンマ）、4035mの点から南の1号標木まで（同徳、沢庫、河南3県の交差点）である。境界の東北部は黄南州沢庫県で、西南部は海南州同徳県である。

◆資料編

　海南州同徳県と黄南州沢庫県行政区域の境界線は中国人民解放軍総参謀部測量局が1970年と1971年出版している1:10万地形図で赤色の実線で明らかにしている。図号9-47-22、9-47-34、9-47-46、9-47-47、9-47-35の全部で5幅である。境界線の方向と文字内容があわない場合は、図に赤色の実線で画定されているものを基準とする。山脈の分水嶺を境界とされている地域は文字内容と図の内容があわない場合は、現場の分水嶺を基準とする。北端の1号標木から4号標木まで、カチョン谷の6号標木から7号標木の間にある境界線は現場のものと異なる場合は、現場の支配線を基準とする。

3. 境界の保護と管理

　両州と両県の人民政府は社会安定の大局を念頭に置きながら、民衆に画定された境界線に基づいて放牧するよう教育し、標木を保護する。北端の1号標木から南端の1号標木まで、奇数番号の標木は沢庫県が責任をもって保護し、その他は同徳県が責任をもって保護する。今後、双方の県民政部門が定期的に検査を行い、破壊や移動があった場合、双方の上級部門に連絡し、双方連携して修正する。

　以上の画定した内容は双方の人民政府と民衆によって厳しく守り実行する。いかなる理由であっても境界線を超えて相手の牧草地を占用することは禁止する。問題が発生したときはいかなる場合でも司法部門によって処理する。

　本内容は発表される日から有効である。それ以前の協議、通知、紀要、画定の意見等一切廃止する。

　本文書の付属文書「境界線画定に関する問題の説明」（付属文書3）は本内容と同等の効力があるとする。

　　　　以上に不適当な内容がなければ、各機関に返送して実行せよ。

付属文書：1.　標木成果表
　　　　　2.　海南州同徳県と黄南州沢庫県の行政区域境界線の画定意見図
　　　　　3.　境界線画定に関する問題の説明

　　　　　　　　　　　　　　青海省区画工作指導組、1996年7月8日

境界線画定に関する問題の説明

1. 沢庫県ニンシュウ郷ロンウ村のウグ寺院は同徳県カゲン谷のウグロンワに建築されており、寺院の経済的収入と信仰者の集会場のため、利用できる草地533haを同徳県人民政府より画定し、土地使用証を与える。
2. 青海省牧草良種繁殖場の範囲は、省党委員会、省人民委員会が1962年8月23日に返答した「沢庫、同徳、貴南3県の草地紛争と軍馬場の問題に関する会議紀要」と「沢庫、同徳、貴南、軍馬場の草原管理委員会が組織して実施する草案」の中で明確に規定されている。青海省牧草良種繁殖場の完備と、国営牧場と周囲民衆の利益、今後の発展と安定などのため、青海省牧草良種繁殖場、同徳県と沢庫県の間で現実の管轄境界に基づいて標木を立てた。30年以上青海省牧草良種繁殖場は同徳県行政管轄以内にあった事実に基づいて、行政区画図を出版する時、青海省牧草良種繁殖場の区域を同徳県領内に画定した。今後、変更する場合は、同徳県と沢庫県が該当地域内の境界線も変更状況によって変更する。
3. ゼチョンワ（1.4万ha）は同徳県バスイ郷（シャラン村）の夏営地であり、同徳県バスイ郷はこの地域で放牧する期間は旧暦の6月5日から7月19日の間で、計45日間とする。バスイ郷の民衆はゼチョンワへ移動する期間は10日で、秋に戻る期間も10日とし、往復20日と限定する。放牧期間を加えて65日間である。特別な事情がある場合は、バスイ郷とニンシュウ郷政府が相談して解決すべきである。カチョン谷、ニンシュウ谷、タクセル谷は移住する通路であるが、ロンウ村とホル村によって80mの通路を開くことにする。
4. ゼチョンワの区域範囲は赤色の点線で画定しているものであり、双方はいかなる理由でその範囲を拡大するか縮小する行為を禁止する。

青海省人民政府事務庁、1996年7月8日

◆資料編

資料 9

表1　1995年に盗まれた家畜数

年月日	盗まれた場所	家畜の種類	数	注
1995.3.25	セルロ	馬	5	グレー色1頭、茶色1頭、ピンク色1頭、メス2頭。
1995.4	ラニン	牛類	7	背中がグレー色のヤク7頭
1995.6.20	テンロン	馬	3	茶色1頭、黒色のメス1頭、茶褐色1頭
1995.7.6	ピロン	牛類	2	黒ヤク2頭
1995.7	ラジャマ	ヤギ	13	子ヤギ13頭
1995.7	ラニン	馬	2	グレー色で年上の1頭、黄色で方足に白い斑点のある1頭
1995.7	ラニン	牛類	1	4歳で黒色のディ（メスヤク）
1995.7.26	ピロン	馬	2	黄色の馬2頭
1995.8	ガルカン	牛類	9	まだら模様した8頭、黄色のディ1頭
1995.8	ビチェン	牛類	4	2歳のヤク4頭
1995.8	ニンセルデン	牛類	4	鞍を置いたヤク2頭、黒色2頭

表2　1996年に盗まれた家畜数

年月日	盗まれた場所	家畜の種類	数	注
1996.3.6	ゾモ	牛類	5	まだら模様で角がないヤク1頭、黒ヤク2頭、3歳のヤク2頭
1996.3.25	カゲン	羊	1	手に障害のあるもの
1996.5.9	ゾモ	牛類	11	全部黄色と黒色である
1996.6.16	ナチャヤン	馬	7	茶色4頭、黒3頭
1996.6.19	センバ	馬	3	グレーが2頭、黒1頭
1996.6	トス	牛類	1	茶色のゾモ（ヤクと牛の一代雑種）
1996.7.15	トス	ヤギ	6	全部白色
1996.7.16	シャタ	ヤギ	22	全部白色、内2頭は子ヤギ

年月日	盗まれた場所	家畜の種類	数	注
1996.8.14	トス	牛類	6	グレーのディ1頭、黒ディ2頭、白3頭
1996.8.20	チェケン	馬	1	グレー
1996.8.22	ムニコンマ	馬	1	黒
1996.8.22	センバ	牛類	1	黒ヤク
1996.8.22	ダワ	馬	2	黒1頭、黄色1頭
1996.9.15	トス	ヤギ	10	
1996.9.16	ゾモチャリン	馬	7	青3頭、グレー2頭、黒1頭、黒メス1頭
1996.9.20	カリクトウ	牛類	4	角のないディ3頭と、黒ディ1頭
1996.12.17	トス	牛類	1	3歳の黒ヤク

表3 1997年に盗まれた家畜

年月日	盗まれた場所	家畜の種類	数	注
1997.1.20	セルロ	馬	1	黒色
1997.1.29	ウナタクシャル	羊	28	メス14頭、子羊14頭
1997.2.4	センロナリン	牛類	9	グレーヤク9頭
1997.2.6	センロナリン	牛類	4	黄色のまだら模様の4頭
1997.2	ゾモナシン	牛類	2	白色ヤク1頭、グレーヤク1頭
1997.3.25	センロ	馬	5	ギレー1頭、茶色1頭、黒1頭、メス2頭
1997.4.4	シャホン	ヤギ	33	ヤギ33頭

資料10 ロンウ村内部の決定書

　　ラマ・ロサンジャムツォを主とするロンウ村の長老と、行政村の村長や幹部等の85人が集会を行い、2月8日から28日まで議論した結果は以下のようである。
　1. カチョンとソワにある自村の土地を全て各行政村に分配する。ニン

◆資料編

シュウの土地に関しては5月1日に再び議論する。
2. 村の金銭や帳簿等は今日からテンパによって管理し、出納や記録等を行い、毎年民衆に報告することを決定した。
3. 村内のトン（村内部補償）は5月1日前から各家から収集する。誰か個人や家庭によって、トンを支払わない場合は、75元の罰金と1人分の牧草地の使用権を取り戻す。トンと牧草地の使用に関して各行政村の代表によって誓いを行い、厳密に実施する。
4. 負傷者の医療費は個々の状況によって村が精算するが、病院までの交通費や食費等は精算しない。また、病院に運ばれたものであれば、負傷の重さを問わず1000元を、病院に行く必要のない軽傷の場合は500元を村から支払う。今日から、負傷者がだれであっても村としてその結果には責任とらない。そして、今後、村のマクダ（紛争等の場合の緊急集合）があって、今回のような負傷者や死者等が出た場合も今回の方法で解決する。
5. 今後、村のチュ（家畜が越境した処罰金）については1997年決定している通りである。
6. 放牧地の分配や共同金の分配等を名目としてトン（死傷者への賠償）を支払わないことは禁止する。
7. ある行政村と家庭は個人の仇敵である等としてトンを支払わなかったが、今後、個人の仇敵関係とトンを混同せずに処理する。
8. タンゲン郷とゴマン郷から盗んだ鉄線を共同財産にするという意見があったが、これは以前の調停書の内容に従う。
9. 盗まれた家畜を返却する時、家畜や金額が多い時は、その余る分を村の担当に引き渡すことにした。
10. 武器については、公安部に報告して政府に処理させる。
11. カソラマ（当時の調停者）に会って事情を報告する。
12. 郷政府、県政府、州政府は同徳県が52号文書を守っていないことを報告する。3月5日からテンパ、カルマ、ジュテン、チュコ、カルサン、ロティ、カワ、グベ、ルデン、シャムバ等が代表として政府に報告しに行く。上述の第（3）の内容が核心であり、今回の紛争によって新たに割譲された放牧地は全てロンウ村全体へ平等に分配することである。5月1日にトンを支払わない場合は家庭や行政村ごとで75元の処罰と一人前の牧草地の使用権を取り戻す。

上述の内容を守るため、各行政村の代表が誓いを行い、この文書にサインして拇印を押す。本会議には各行政村の代表全部で85人参加した。

1997年2月28日

資料11　回答書

1. ジョタクパ（停戦）を行った後、我々がゴンコンマ村に対して不合理なことを行った場合は、どんな処罰を受けても意見はない。しかし、ゴンコンマ村は、1996年8月7日ジョタクパを行った後、8月22日から1997年1月17日まで、我々ロンウ村のメス馬26頭、ディ（雌ヤク）とヤク29頭、馬55頭が盗まれた。そして、ガモン谷とカチョン谷等3つの地域に火をつけ、火事を引き起こした。ツェテンは自分が盗人であることを認めたにもかかわらず、同徳県の公安部は無視し、犯人を告発した人に1500元の処罰をしたことは、法を知りながらわざと法を犯す行為である。この盗人と公安幹部を厳しく処罰していただきたい。

　　1997年2月19日第2回のジョタクパを行った時、ゴンコンマ側は当日の夕方ロンウ村の牧民に銃を乱射した。20日はタンゲン郷の幹部によって、ウグ寺院へ行くことを禁止された。3月8日家畜35頭を盗まれ、4月7日から9日まで冬営地へ32頭のヤクを越境させた。この問題を、スパたちはどのように解決するのか？　彼らが最初に盗まれた32頭のヤクを取り戻し、盗賊を厳しく処理できるのであれば、ロンウ村が盗んだものに対して全てスパの意見通りにする。しかし、証拠のないものは承認しない。

2. ミトン（死者の賠償）については、幹部の死者2人、8月30日に殺された紛争リーダーのドマジャプとサンリの4人には絶対にトンを支払わない。その他については公平にトンを支払う。しかし、トンの金額は前例のゴンチュ村とサンコ村の間では1千元、チャコル村とタクマル村の間では1万元であったため、これ以外のやり方は認めない。

◆資料編

3. 1987年青海省事務庁の文書122号で明らかであるように、争議ある地域の鉄線事業等は禁止されているにもかかわらず、海南チベット族自治州と同徳県政府の金を使用して、境界線付近に張った鉄線を壊しても賠償しないのは当然である。同徳県は我々の冬営地であるカチョン地域で金鉱を開発した。金を盗まれたことに対して113万元、牧草地の破壊に対しても賠償を要求する。紛争地域で鉱山開発から得た数10万元と通路使用金40万元が同徳県によって奪われたことは、少なくとも半分をロンウ村に分けなければならない。1984年から境界線付近は同徳県側だけによって使用され、52号文書を決定した後も、引き続いて1年間使用したことに対して、使用金草地1ムー（15ムー＝1ヘクタール）に15～20元として計算していただきたい。広く言えば、1969年からゴンコンマ村がロンウ村のテント、家屋等を破壊し、物を略奪したことなど言い切れないほど問題が存在する。
4. その他の問題に関する説明とスパたちによって決定していただきたいことは以下のようである。
 (1) 1996年8月30日同徳県の副郷長であるチュリマと県委員会の副書記ルシュジャの2人が計画し、タンゲン郷の郷長ツェコと書記ツェバ、ゴマン郷の副郷長ドクブンジャ等が共謀して我々の冬営地でヤク10頭、羊56頭を屠殺し、178頭の羊を略奪した。
　その主な証拠は、①事件が発生した時、青海省政府と州、県の公安部が現場に来て捜査した。②現地牧民家から200から500メートルしか離れていないところで大量の羊の死体を発見した。③7月29日の夜からゴンコンマ村の240人の男が山を守っていたため、我々は現場に入ることはできなかった。
 (2) ウグ寺院とラマが侮辱された行為について公平な解決をしていただきたい。俗人の紛争を寺院に及ぼす行為がこの世にあるかどうかを考えてほしい。彼らは寺院の中で犬を殺し、寺院に毒を入れた。そして、寺院で銃を乱射し、寺院への道を遮った。1人1人の僧侶に銃弾を見舞うと騒ぎ、ラマは軍長だと侮辱した。このような行為は文化大革命時代を除けばチベット族の歴史にはなかった。
 (3) 紛争時期に、国家法律に違反したのは同徳県とゴンコンマ村の幹部であるため、それを調べて厳しく処罰していただきたい。これを処理することができなければ、上級政府は法律によって解決する

ことができなく、ラマたちも調停者としてオス（チベット慣習法）によって解決しないことが明確であろう。我々はこれらの幹部を絶対許せず、中央政府まで報告する決心がある。
(4) 今後、誰かが何らかの理由で52号文書の内容は変更するのであれば、我々は引き続きカゲンの放牧地を巡り紛争を引き起こすことをラマたちに許してください。

ロンウ3村より、1997年6月1日

資料12　調停者であるラマたちへの報告書

ゴンコンマ村がウグ寺院を侮辱し、嫌がらせをしたことに対して公平な裁定を願う。俗人の紛争を寺院に及ぼす行為は世間のどこにもないが、ゴンコンマ村は我がロンウ村のウグ寺に対して俗人の紛争を寺院にまで及ぼした。彼らは寺院の中で犬を殺し、寺院に毒を入れた。そして、寺院で銃を乱射し、寺院への道を遮った。1人1人の僧侶に銃弾を見舞うと騒ぎ、ラマは軍長だと侮辱した。このような行為は文化大革命時代を除けばチベット族の歴史にはなかった。したがって、公平な裁定をしていただきたい。

ロンウ3村より、1997年6月2日

資料13　略奪と盗難による家畜の賠償に関する決定と意見

1995年5月30日から今まで略奪と盗難による家畜数は379頭、うちヤク等は92頭、羊等230、馬57である。
　そのうち、略奪されたものは148頭の羊であり、羊1頭350元と子羊1頭は200元をトンとして計算し、殺された羊58頭とヤク10頭についてはスパが公平に解決していただきたい。ジョタクパ（停戦）を行った

後、盗まれたヤク44頭と馬3頭については、家畜そのものを返し、厳しい処罰をするよう願う。

また、盗まれたヤク38頭と羊24頭、馬54頭については、スパたちがどのように解決しても意見はない。

ロンウ3村より、1997年6月3日

資料14　ラマたちへの要望書

1. 第52号文書の内容に従って、通知書として青海省政府と両州、県政府に配る。
2. 2月30日に略奪された148頭の羊は市場の値段によって精算させる。
3. ウグ寺院とラマへの侮辱について厳しく処理していただきたい。
4. ミトン（死者の賠償）については、リーダーであったドマジャプとサンリの2人にはトンを支払わない。金額も沢庫県内部の習慣として1万元しか支払わない。
5. 青海省政府が承諾しているように、ロンウ村に666.7万haの土地を割譲することはスパであるラマたちと州や県政府の支持のもとで果たしていただきたい。
6. 調停に同意するよう約束したとしても、以上の項目内容を果たすことができない場合は、一切承認しない。また、52号文書を変更しようとする場合も、ラマであれ、政府であれ、何も承認しない。

ロンウ村の代表より、1997年5月1日

資料15　要望書

スパであるラマたちは政府の指示によって、ゴンコンマ村とロンウ村間の紛争を調停し、双方の民衆に政教両方の方法で教育した。しか

し、紛争の根本的な問題はカゲン谷であり、これに関して青海省政府が1996年6月16日の52号文書で解決しており、省政府の代理として両州と県政府の指導者によって、双方100人強の民衆に公開されたのである。その主な内容は、タクセル谷とカチョン谷、ニンシュウ谷の通路を狭くして幅80mにする。そして、3つの谷の上部を利用する権利がある。広さ1.4万haのゼチョンワは同徳県に45日間の使用権があり、その他の期間の所有権はロンウ村にある。カゲン谷の上部で0.46万haの牧草地はロンウ村に割譲され、ウグ寺院に対して533haの領地を割譲した。また、1988年の文書を廃棄することが決定された。

　現在まで、同徳県側は以上の内容を1件も実施しておらず、いろんな理由から52号文書を廃棄しようとしている。上級も矛盾する発言をしたため、この問題をはっきり解決しない限り、調停しても無効であり、事件は解決できないだろう。以上の問題を解決した上で公平に調停を行ってもらいたい。

ロンウ3村の代表より、1997年5月24日

資料16　ラマたちへの要望書

　スパたちにはロンウ村とゴンコンマ村の紛争調停のため、いろいろと面倒をおかけした。しかし、調停は紛争の根本的な問題の原因と道理や規準によって解決するべきものであり、双方の善悪によって判断して解決するのであれば、我々は承認しない。
1. ロンウ3村の土地であるカゲン谷はゴンコンマ村に奪われ、ウグ寺院が遠く離れてゴンコンマ村の領域になっていることから明らかである。これを解決しない限り我々ロンウ村は意見がある。
2. 同徳県側の幹部はゴンコンマ村の民衆を支持し、裏で画策して銃撃戦が発生した。政治指導者の力と国家政府の武器を乱用した紛争当時の指導者ツェコとタルジャ等を厳しく処罰しない限り、我々は承認しない。
3. 1996年7月27日、県長チュリマと県党委員会書記ルシュジャの2

◆資料編

人が主謀して、事前に組織した計画と目的があり、8月30日に148頭の羊を略奪し、ヤク10頭と羊58頭を屠殺した事件を国家法律によって処理し、奪われた家畜は全て現物を返していただきたい。
4. ゴンコンマ村は俗人の紛争を寺院に及ぼし、寺院の集会院の入り口で犬を殺し、寺院への道を遮った。寺院に毒を入れ、儀式なども禁止され、僧侶に銃弾を見舞うと騒ぎ、ラマは軍長だと侮辱した。このような行為はロンウ村の民衆に深い傷をつけており、根本的に治るほど解決しなければ、承知しない。
5. ミトン（死者の賠償）については、繰り返し何回も報告したが、死者のうち、国家幹部2人と紛争指導者であるドルマジャプとサンリの4人に対してはトンを支払わない。その他の死者は以下の3つの前例を規準とする。①沢庫内部のケースでは、ゴンシュとサンコ村間のトンは1千元であった。②チベット族とモンゴル族の間は1万元であった。③シャラン村とロンウ村間のトンは5千元であった。このような前例に従ってトンの金額を決定していただきたい。新たに前例のない金額を決定するのであれば、我々は負担しない。

ロンウ3村より、 1997年5月30日

資料17　承諾書

　ラマたちが沢庫県ロンウ村と同徳県ゴンコンマ村との殺人と盗難事件をどのように調停しても、同意することを承諾する。
　なお、今回の調停にはシャラン村を必ず参加させていただきたい。なぜかというと、シャラン村とロンウ村の間にも以前から問題があり、52号文書等にも関連するためである。したがって、今後新たな問題の発生が防ぐため、今回一括で調停していただきたい。
ロンウ3村の代表10人のサインと拇印が押してある。

1997年5月30日

資料 18　調停者たちへの報告書

　ウグ寺院の僧侶全員の意見によって、ゴンコンマ村が俗人の紛争を寺院に及ぼして、寺院とラマへ侮辱したことを報告する。

　1990 年の冬、ウグ寺院に毒を入れた。冬営地に移動する時、ゴンコンマ村のある密教行者が僧侶たちに、「我々はすでにたいまつを準備しているので、間もなくウグ寺院を焼いてなくす」と言って侮辱した。

　1992 年、同徳県の幹部数人とゴンコンマの数人が寺院の付近にいた犬を寺院の中に連れてきて殺した。そして、彼らはニンシュウ郷へ届けるように伝えて、1 つの銃弾を僧侶に渡した。

　1994 年、ニャナク集落（ゴンコンマ村所属）のチャランの息子がウグ寺院のチュサム僧侶とチュチョ僧侶に「お前たちウグ寺院の僧侶 1 人 1 人に僧侶に銃弾を見舞う、信じられなければ、俺の前に来い、1 人 1 人殺すから」と伝えた。

　1995 年、僧侶たちが燃料と食糧をとりに行く途中 3 回も邪魔し、牛乳の入ったバケツを破壊し、買ってきた肉に銃を発射した。このことは郷と県人民政府も知っているはずである。また、パチョ僧侶とルディプ僧侶を投石縄で殴り、1km ほど追いかけた。

　1996 年 3 月、寺院の儀式のため、僧侶全員が並んだ時、チャランタセルの娘が僧侶たちの前にかまどの灰、髪、からの入れ物等を捨てて侮辱した。

　1995 年〜1997 年の間、ゴンコンマ村は寺院付近の石と木に「ウグ寺院の僧侶は乞食をして哀れな生活を送り、戒律もない」等と書いて侮辱した。

　1990 年から現在まで、寺院のヤルネ（夏安居）を行う時、ゴンコンマ村の人々は付近でライ（恋の歌）を歌ったり、侮辱する声を出したりした。特に、ウグ寺院は土匪の寺院と言って、常に寺院内に銃を乱射する行為を行った。

　我々ウグ寺院はロンウ大僧院に付属する 35 寺院に属しており、今回の調停者であるロンウ大僧院のラマたちは、ある意味このウグ寺院の管理者であり、ゴンコンマ村の上述のような侮辱行為に厳しく対応することを我々ウグ寺院の僧侶全員が期待している。

◆資料編

ウグ寺院の僧侶全員より、1997 年 5 月 30 日

同徳県バスイ郷シャラン村がウグ寺院を侮辱した報告

　1996 年 9 月、ワルコ集落（シャラン村所属）のゲラク家の僧等が「ウグ寺院の僧侶たちには食べ物がなく、頭を下げている。その様子を見ると嬉しい」と言って侮辱した。

　1996 年 10 月、シャラン村の男数人が寺院に投石縄を使って石を投げ、家畜の糞（燃料）を拾っている数人の糞を奪い、侮辱する言葉を言った。そして、彼らのリーダーであった年上の人は「鉄線の中に行ったり、触ったりすると、若者たちはお前らを殴るぞ」と言った。

　1997 年 3 月、シャラン村の誰かがシラプ僧を銃で撃った。

1997 年 5 月 30 日

資料 19　状況報告

州人民政府へ:

　近頃、同徳県シャラン村は 52 号文書に違背して、牧場を保護する名目で、テント 16 張と 50 人強、3 台のトラクターを期限前にゼチョンワへ移動している。規定時間以前にシャラン村が移動するのは文書の内容に合わない。そのため、黄南州人民政府は海南州と同徳県人民政府と協議し、なるべく早くシャラン村の民衆の期限前の移住を阻止し、52 号文書を厳格に守り、規定に従って移動させるよう要請する。

沢庫県人民政府より、1997 年 6 月 8 日

資料 20　スユ（調停書）

青海省黄南チベット族自治州沢庫県、ニンシュウ郷ロンウ村と海南チベット族自治州同徳県、タンゲン郷とゴマン郷ゴンコンマ村の間に起きた殺人と盗難事件に関する決定書

　1995年5月30日から1996年8月30日の間双方は草原の境界線をめぐって争い、同徳側に死者12人、沢庫県側に死者5人の合計17人が殺される大事件になった。当時、青海省委員会と省政府によっていくつかの争議は解決された。それ以外の殺人事件と、盗難などの事件は（青海省政府から）両州政府に解決するよう命令され、両州政府の決定により、ロンウ大僧院のカソラマとロンウラマをスパに選任した。

　2人のスパは1996年9月の初めから、二度と紛争事件を起こさないよう説教した。特に1997年3月24日に同徳県の7人のラマと沢庫県の3人のラマが協力してジョタクパを行った。そして、1997年5月14日から省政府の命令により西寧でスシェパを行った。双方の州政府、県政府、郷政府の代表と集落の代表10人ずつが参加し、20日以上議論と説教を行った。特に解決のできないものに対して、海南チベット族自治州の州長リンチェンジャ氏、副州長イムチェンジャ氏と、黄南チベット族自治州の州長ドルジェラプテン氏、副州長マネブン氏等に報告した。彼らは省政府と相談しながら、今回の事件は自民族の損失であり、特にレプコン内部の問題（上述したように昔は両集落とも、レプコンに属し、ナンソ政権が支配した）であるという歴史を説明し、双方の民衆に対して団結の重要さなどをアドバイスした。

　双方の民衆代表も互いに理解し、尊重し合いながら誠意のある態度を示し、合意する事ができた。双方の代表が、スパがどのように決定しても同意することを前提にして決定したものは以下のようである。

1) 紛争中殺されたものの遺族に対して、双方の民衆が阿弥陀如来のタンカ、カンジュル経を与え、六字真言を主にする真言を10万回唱え、生活の補助金2万8千元、織物、お茶などを渡して懺悔する。
2) 死者の家族は復讐したり、犯人を探ったりしないよう約束する。
3) 1996年8月30日ロンウ村の家畜を任意にロンウ村の家畜を小屋に

◆資料編

入れたことに対して罰金130元と決定しており、それ以後1997年3月24年以後殺された家畜については市場値段で持ち主に現金を返すべし。盗人はスパに罰金300元を支払うよう決定する。
4) 1995年の5月以降の盗難については、双方が認めているものについてはすべて家畜か現金（3）の基準を返す。
5) 同徳側の建物や有刺鉄線の破壊に対して、双方の州政府や県政府が補助する。
6) ゴンコンマ村側がロンウ村のウグ寺院で、僧侶やラマ、そして食べ物と燃料に損害を与えた行為は道徳違反であり、ゴンコンマ村がウグ寺院に1000元と布を渡し謝罪する。
7) 今回決定したことが、民衆の悪い習慣にならないよう注意し、今後とも双方の間に二度と紛争を起こさないよう努力する。
8) 今後、双方の民衆が共産党と政府の役人を尊重し、中国の特色ある社会主義建設のために努力し、共産党と国家から与えられた責任を常に背負い、民族団結と経済向上などの発展のため平和な社会を作り、長い団結を保つよう、ロンウ大僧院の代表より祈願する。

本発表会の参加者、海南チベット族自治州副州長イムチェンジャ、政協の副主席ブンパジャプ、黄南チベット族自治州副州長マネブン、人大主任ケト、同徳県副県長ロサム、人大副主任タテルツァン、民政局の局長ピンツォ、沢庫県県長リジャツェリン、政協の委員ツァンラマ、民政局の局長シャウツェリン、タンゲン郷の郷長ロド、ゴマン郷の郷長オダム、ニンシュウ郷の郷長テンズンニマ。副スパは、ロンウ僧院のカソラマとロンウラマ、セルラ寺院のメソラマ、シャティ寺院のケンポラマである。同徳県側の民衆代表10人のサインと拇印、沢庫県側の民衆代表10人のサインと拇印。

1997年6月19日

資料21　ゴンコンマ村による
ロンウ村の家畜盗難についての記録

1996年9月黒ディ（メスヤク）1頭と灰色ヤク1頭、2歳の黒ヤク1頭が盗まれた。
1996年10月29日黒馬3頭、茶色の馬1頭、茶色のメス馬1頭、黒のメス馬1頭がカチョン寺院の付近で盗まれた。
1996年7月11日、カゲンリカムで子馬1頭、灰色馬1頭、メス馬4頭が盗まれた。
1997年1月、灰色のメス馬2頭がカチョン谷で盗まれた。
1996年1月、トスショマで、黒のディ2頭、白ディ1頭が盗まれた。
1996年10月11日カチョン通路で馬2頭が盗まれた。1996年11月シャカルラチョで、ディ7頭とヤク1頭が盗まれた。
1996年11月、ティロンで灰色の馬1頭が盗まれた。
1995年10月カチョン小学校の中から白馬1頭が盗まれた。
1996年10月ゴズ下側でメス馬1頭と子馬1頭が盗まれた。
1996年7月紛争の途中灰色の馬1頭が盗まれた。
1996年10月テルロンで、黒ディ2頭と灰色ディ2頭が盗まれた。
1996年10月カゲンリカムで黒ヤク1が盗まれた。
1996年カチョン通路で480元を奪われた。

　上述の内容で、証拠が明確ではないものは21頭と馬46頭であり、これに関しては証拠を集めて、改めてニンシュウ郷に報告する。

1997年6月20日

資料22　沢庫県ニンシュウ郷カゲン谷の
放牧地の使用問題に関する要求

州人民政府へ：

◆資料編

1. 1996年6月省政府が発表された52号文書に関して、我々ロンウ村の民衆は賛成しなかったが、52号文書は双方の利益を基にしたものであるとしてずっと内容に違背せず実施してきた。しかし、同徳県側は52号文書に違背し、幅80mの通路と放牧時間45日間の規定は大体守られているが、少しずつ変更して、拡大しようとしている。我々ロンウ村はこのような牧草地の使用権を侵害する行為に対して、非常に不満がある。これからもいかなる理由であっても、52号文書を変更するのであれば、ロンウ村としては52号文書を根本的に書換え、ウグ寺院を含むカゲン谷の5.8万haの草地の使用権も返却していただきたい。
2. 同徳県は52号文書を遵守せず、いかなる理由にせよ、文書の内容を変更するのであれば、紛争が発生する可能性が高くなり、暴力事件も起きるのであろう。一旦再び事件が起きると、ラマが調停者として調停しても、政府が警告しても、前回のように簡単に解決することはできないだろう。したがって、上級指導者はこの問題を重視していただきたい。

ニンシュウ郷ロンウ村全体村民より、1998年4月1日

資料23　緊急の呼びかけ

青海省人民政府、党委員、人大、政協へ：

　今年6月22日の夜から、我がロンウ村の冬営地で同徳県バスイ郷（シャラン村所属）の民衆が集合して、92ヵ所で構築物を建築した。また、銃を乱射し、大騒ぎし、水源を切断し、いざこざを引き起こそうとし、夏営地への移動を強行しようとしている。

　青海省の党委員会と省政府はこの事情を知った後、これを重視し、6月29日省長の白氏によって、重要な指示が出され、強力な工作団体を派遣し、事件の悪化を防止した。青海省党委員会と政府が我々ニンシュウ郷5000人ほどの牧民の生命と財産を重視したことに対して深く感謝している。

この10日ほどの間、我々ロンウ村5000人の牧民の生命と財産はシャラン村の威嚇を受け、恐怖の中で過ごした。これに対して、我々は非常に憤慨しており、地域の安定と人民の利益を擁護するように、州政府の工作団から説得された。そのため、民衆の集会が行われず、事態の悪化を防げることができた。

　省政府は7月8日シャラン村に移動するよう通知した、その通知時間は52号文書より19日も早い。これに対して我々ロンウ村は不満を持っており、大規模な流血事件が発生する可能性がある。このような緊急事態にかんがみて、我々は青海省政府と党委員会に緊急の呼びかけをし、以下のような要求を提出する。

1. 青海省政府はシャラン村の民衆が夏営地に移動する時間を7月8日から、遅くとも7月10日に移動するよう通知した。これは52号文書に違背しており、我々ロンウ村はいかなる理由があっても承認することはできない。
2. 青政（1996）52号文書の規定では、ウグ寺院に533haの牧草地を割譲することになっているが、いまもって実行していない。今年、両州と両県の州長と副州長4人と県長2人によって、今年の4月15日以前に実施する約束をしたが、未だに実行していない。青海省政府の通知では、シャラン村が期限前に移動することを許した。しかし、我々に割譲すべき533 haの牧草地の区画事業は9月まで期間を延ばされた。これは公平ではなく、認めることはできない。したがって、シャラン村が夏営地に移動する前に533 haの割譲事業を実施していただきたい。
3. 以前両州政府の指導によって、宗教的に有名なラマを頼み調停を行った時、同徳側が我々ロンウ村の26頭のヤクを盗み、当初は返却することを約束していたが、未だに返却していない。今回シャラン村が夏営地に移動する前に、盗まれた家畜を全部返していただきたい。
4. 青海省政府（1996）52号文書が発表された後、同徳部の一部住民は52号文書に故意に違反し、通過するロンウ村の住民の邪魔をし、トラクターやバイク、馬、現金等を略奪する事件が7件も発生した。特に、衣服を脱がされ人格を侮辱する行為も発生した。このような事件はシャラン村が夏営地に移動する前に法によって徹底的に解決していただ

◆資料編

きたい。
5. 今回シャラン村側は10日間ほども故意に挑発行為を起した。ロンウ村の民衆の人権をひどく犯した。シャラン村は夏営地に移動するのであれば、我々に謝罪し、二度とこのような挑発的行為を行わないと保証しなければならない。
6. 同徳県における影響力の高い人物の報告によると、青海省民政庁は73協議を回復し、52号文書を廃止することをシャラン村に許可したとされる。我々はこれに絶対に反対する。夏営地に移動する前に解決していただきたい。

　シャラン村が夏営地に移動する以前に、上述の項目を実施しなければならない。そして、夏営地に移動した後、銃の乱射や大騒ぎ等を禁止する。規定されている通路を守り、通路ではない道を通らない。このような条件を守らず、何かが発生した場合はロンウ村としては責任とらない。青海省の上級機関はロンウ村の意見を一切聞かず、かえってシャラン村の要求を全て承諾する。これは公平ではなく、ロンウ村の民衆は不満を持っている。今後、青海省党委員会と人民政府は双方の利益を考えながら合理的に判断して実施していただきたい。

　　　沢庫県ニンシュウ郷ロンウ5000人の牧民より、1998年7月6日

資料24　沢庫県ニンシュウ郷ウグ寺院の草地問題の会議紀要

青海省政府の(1996) 52号文書「海南チベット族自治州同徳県と黄南チベット族自治州沢庫県の行政区域の境界線に関する意見の通知」と「青政98 (7) 84号を実行するための会議通知紀要」の内容を実行するため、青海省区画工作指導組によって、1999年1月4日から6日まで同徳県でウグ寺院の草地に関する会議を開いた。省区画事務室の副主任李巷泰、幹部唐剣青、索南、同徳県政府の副県長洛珊、民政局の局長南新、副局長祁宝倉、沢庫県の副県長東洛、民政局の局長旦増傑布、政府事務室の秘書彭剛などが参加した。双方政府の指導者は、双方民衆の団結、牧草地の管理使用、生産発展と社会安全などの原則に有利であるこ

とを考え、ウグ寺院の草地範囲に関して以下の内容で一致した。
1. ウグ寺院草地問題に対して同徳県と沢庫県両政府は、互いに理解と譲渡の態度を原則として、共同で現地調査を行い、1997年5月画定されたものの修正を行った。修正後の境界線は1971年中国人民解放軍総参謀部によって画定された第一版の1:10万地形図上にあり、同徳県9-47-34の図号である。これに対して同徳県人民政府によってウグ寺院へ「土地使用証」を授与した。1997年5月に授与された「土地使用証」は無効とする。
2. 「青政98（7）84号を実行するための会議通知紀要」で決定されている内容では、「5.30事件中、沢庫県側が同徳県側に払うべき9万617元の賠償金は、同徳県人民政府がウグ寺院の草地に関する決定を実施する時に、全て支払う」となっているが、未だに実行してないため、今回の機会によって賠償金を全額支払うべし。

会議参加者の姓名：
　同徳県の代表、洛珊、南新、祁宝倉
　沢庫県の代表、東洛、旦増傑布、彭剛
　青海省区画工作指導組事務室、李巷泰、唐剣青

1999年1月6日

資料25　協議書

　同徳県ゴンコンマ村と沢庫県ロンウ村間の牧草地をめぐる紛争が解決した後、双方の仇敵意識が強いため、とりわけ境界付近の牧民は家畜の盗難、越境放牧、放牧ルールを破るなどを復讐の代わりとして頻繁に行ってきた。このような行為の深化によって、双方の間では大規模な紛争が再発する可能性が高い。
　双方は友好的関係を作り、境界線付近の社会安定のため、双方の県と郷政府等関連する代表が集まって議論した結果、以下の内容によって一致をみた。
1. 両県政府は青海省政府が発行した「52号文書」の内容を厳格に守る

べし。双方の誰でも人心を惑わし故意に、決定されている境界線を変更することを禁止する。両県と両郷の党委員会と政府は、双方の社会安定と近隣関係を第一にして、境界線付近の民衆を友好的関係に導く、越境放牧を防止し、厳格に放牧ルールを守らせる。放牧ルールを破る場合は、法的責任を負う。

2. 今までの紛争事件によって、死傷者を出す事件が数回起きた。これによって、一部民衆の仇敵意識が強く残されており、相手に復讐するため、放牧ルールを守らず、越境放牧や家畜の窃盗行為をしている。時には、個人的殴り合いや侮辱等の行為も未だに起きており、拡大する傾向があり、平和社会を崩す可能性が高い。双方は本協議書にサインをする日から、双方の団結に影響する行為を控え、窃盗、殴り合い、侮辱等の行為は一切禁止とする。双方の関係はどんな時であれ、双方の政府や公安部等の地方機関は、所属する村の立場を擁護せず、直ちに厳格な捜査を行い、あらゆる違法行為を法に照らして処罰する。

3. 境界線の両郷政府は、地域社会の安定を守る工作を中心的な仕事として行う。郷政府の幹部は、民衆に法治社会の宣伝を行い、大きな問題を縮小し、小さな問題を解消し、全ての精力を生産に集中させるために（牧民大衆を）教育する。今後、故意に人心を惑わす行為をするものに対して、「草原紛争を解決する意見」、「法律」、「社会安定と管理の解決書」等によって、国家法に照らして厳格に処罰する。

4. 境界線の両政府は常に連絡して協議を行い、双方の幹部と民衆の考え方を理解する。問題が発生した場合は、事件の拡大を防ぎ、双方の利益を元にして直ちに対応を取る。両県の公安機関は「銃の管理法律」に従って、銃と刀の不法所有と使用を厳格に管理し、集団的紛争を防止する。

5. 双方の民衆と政府がこの協議書を実施するため、両県の郷政府と、公安機関は社会共同安全維持の委員会を設立し、郷長が委員長、公安局局長は副委員長を勤める。委員会は毎年、定期的あるいは非定期的に境界線付近を回り、状況観察を行う。年末に、両県の担当する副県長を含む工作員が集まり、当年の問題を解決し、来年の仕事を手配する。今年2000年はカルブンジャを委員長として勤めることを決定する。

6. 本協議書は発表当日より有効となる。

沢庫県政府の代表、トンロ、ペマリンゼン。同徳県政府の代表、オルジャム、ロサム。沢庫県公安局の代表、コド。同徳県公安局の代表、ツェリンジャ。沢庫県ニンシュウ郷政府の代表、カルブンジャ。同徳県タンゲン郷とゴマン郷の代表、コンタルジャ、ラブンジャ。沢庫県ニンシュウ郷ロンウ村の代表、ツェハル、ジェテン。同徳県タンゲン郷とゴマン郷ゴンコンマ村の代表、ロテン、ツェテンジャ、ゴンポ、クンツァン、ノルプジャツォ、チュロ。

2000年1月12日

資料26　ウグ寺院が侮辱された事実の報告

1. ウグ寺院に悪態をついたことについて
   (1) 寺院の集会の時、シャラン村の女性1人が「私は集会に行けない」と言った。（注：寺院の集会は所属する僧侶に限られており、集会時期は女性の出入りは禁止されている）
   (2) シャラン村の僧侶1人が「ウグ寺院の僧侶たちは、常に人に虐められており、食べ物もなく乞食をしている」と侮辱した。
   (3) 1999年寺院の仏像作りに僧侶たちは、石と砂を運搬したが、1人の女性が「ロバたちの運搬か」と侮辱した。
   (4) 2000年5月、男女数人が「還俗した僧侶、戒律に反するもの」と侮辱した。
   (5) 2000年5月、寺院の後ろで男数人が「ヤクと性交するものたち」と思いもつかないような言葉を口に出して侮辱した。
   (6) 1992年、同徳県政府の指示であるといいながら、マクタルジャを主とする数十人が寺院に来て犬を殺し、銃を乱射した。
   (7) マクラルジャが寺院で刀を持ち、犬を殺そうとした時、寺院の僧侶は殺さないよう忠告したが、彼はどうしても聞き入れなかった。さらに僧侶たちをひどくののしった。
   (8) 2000年5月、シャラン村の女性が僧侶2人をひどくののしった。その女性は僧侶の僧服をつかんで、「戒律に反した僧侶たちよ、お

前らには寺院とラマなんかは無駄である」と侮辱した。
（9） 2000年6月4日、チュヤンとチュペルの2人の僧にシャラン村の男が「オオカミのように残忍非道な者」と侮辱した。
（10） 2000年6月5日、オセルとジャムヤンチュペルの2人の僧にシャラン村の男が石を投げて「お前らこちらに来い、遊ぼう」と侮辱した。
（11） ヤルネ（夏安居）の時期を含んで日常的に寺院付近の牧民が恋の歌を歌い、悪態をつくなどの侮辱行為は数えられないほどあった。

2. 破壊と殴打した事実
（1） ロンウ村のツァンラマはパカルツェ山で毎年サンを焚き、タルチョをする習慣があったが、1998年シャラン村がタルチョを破壊し、サンを焚く場所（非常に大切にする習慣がある）に矢を刺して侮辱と挑発的な行為をした。
（2） 1997年4月18日、僧ソタクと彼の弟子ジュクメが実家に戻る途中、シャラン村の男5人が脅迫した。これを原因として2人の僧は病人となった。
（3） 1998年4月29日、僧ゲドンリンディプが病院に行く途中、シャラン村の男たちが道をふさいで、行かせないようにしたので最終的に高額な医療費がかかった。
（4） 1998年5月4日、僧シャンパチュペル等数人がヤルネ（夏安居）の食糧を運ぶ途中、シャラン村の男たちに殴られ、戻ることができなかった。
（5） 1997年2月、僧シャディプと僧カルサンが実家に戻る途中、シャラン村の男が銃を彼らに向けて2回発射した。
（6） 1998年6月1日のよる12時頃、僧ラプヤンの僧舎を作る2人が銃で撃たれて重傷を負った。
（7） 1998年6月2日の昼間、寺院の後ろからシャラン村の男数十人が武器を持って寺院にやって来て、僧舎作りに関わる20名の職人を追い出したので、彼らは2日間谷の底に食糧もなく居なければならなかった。また、寺院に銃を乱射したことで、寺院の建設を邪魔し、大工らは皆逃げた。2日の夕方、幼少の僧侶数人が実家に逃げ帰ろうとしたとき、シャラン村の人に銃を乱射され、脅かされた。

(8) 1998年6月6日、僧ゲドンに向かって銃を乱射した。
(9) 1998年10月から11月、僧テンジンは谷の底に積み上げられている畜糞（燃料）を取りに行った時、シャラン村の人に全ての糞を奪われた。
(10) 1998年、僧侶が採集した糞を全て焼き燃やされた事件もあった。
(11) 寺院のチョルテン（仏塔）に「帽子を取って礼拝するより、靴を脱いで投げたい」と侮辱する文章を書いた。
(12) 1999年、寺院の谷を通って移動する時、寺院のヤルト（儀式を行う場所で石を積み重ねて印を作っているもの）にトラクターを故意にぶつけ壊した。
(13) 寺院付近の石に「還俗した僧侶」と書いて侮辱した。
(14) 彼らは日常的にウグ寺院を泥棒寺院と呼んでいる。
(15) 2000年5月4日、シャラン村の数人が僧シャンパを銃で撃って傷つけた。
(16) 寺院の壁に、シャランの人とされた人がロンウの人とされた人の口に銃を差しこんでいるような侮辱的な絵を書いた。
(17) 僧舎や集会場の大門に石を投げた、その跡は今も残されている。
(18) 常に寺院の中へ羊を入れ、羊小屋扱いをしている。

上述したような問題は非常に深刻であり、スパたちは1つ1つ詳しく調査し、厳格に処理していただきたい。

ロンウ村の代表より、2000年6月22日

資料27　同徳県バスイ郷シャラン村と沢庫県ニンシュウ郷ロンウ村間の紛争に関する報告書

1997年7月2日、ロンウ村のタシツェリンが同徳県へ買い物に行ったところ、シャラン村の人に9000元のバイクと冬虫夏草等を略奪され、服も脱がされた。1997年8月10日、ロンウ村の親子2人が同徳県へ買い物に行ったところ、シャラン村の人に殴られ、重傷を負った。また、

◆資料編

現金980元を奪われ、トイレに押し込めようとされ、侮辱された。
　1997年9月3日、ロンウ村の8人が同徳県へ買い物に行ったが、シャラン村の人に邪魔された。これらの事件に関して、すでに（シャラン側は）ロンウ村に謝罪をした。その後、シャラン村とロンウ村の間には何の問題もなく全て解決したはずである。
　しかし1998年7月23日シャラン村が故意に挑発し、最終的に殺人事件になったことに関して以下のように報告する。

1. 1998年7月23日、ロンウ村の46人（うち僧侶2人、年上3人、子供1人）、トラクター6台とバイク1台に羊52頭、ヤクの毛403キロ、羊の毛319キロ、チーズ104キロ、大麦粉130キロを載せて同徳県へ商売に出た。当日、彼らは同徳県でそれぞれ各自別個に商売をしていたが、バスイ郷の指導者とともにシャラン村の500人強が突然「殺せ」といいながら、石やナイフ等で殴りかかり、43人が重傷を負った。

2. 当時、漢族や回族等を含む沢山のやじ馬が見物に集まったが、彼らが「この人たちは気の毒だ。同徳人に迫害されている」と噂しているのは周知の事実である。同徳県の党委員会や郷政府の幹部はシャラン村の民衆を扇動した。例えば、土地管理局局長であるジャムヤンチュペルが「ロンウ村の人を全て消滅すべきだ」と言った。幹部マドジャがナイフを持って、ロンウ村の人を刺したことは当時現場にいた人は皆見ているはずである。負傷者43人のうち、16カ所を傷付けられたツェヤ等31人は重傷、2人は半身不随になっている。我々は、この31人の治療費及び、半身不随の2人の生活補償金等を要求する。今回の事件は、シャラン村が故意に挑発して起きた事件であり、草原紛争等には全く関係ないため、詳しく調べて解決するよう要求する。

3. 1998年7月23日、トラクター6台と羊20頭、そして、衣類、穀物、薬等同徳県で買ったもの全部でその価値約10万元であったが、当日全てシャラン村によって、破壊され略奪された。すでに2年間も経っており、我々は、トラクター6台の2年間の収入の賠償を要求する。また、事件発生後、同徳県とバスイ郷政府の一部の幹部は、事件の経過を誣告した。彼らは、事件当日、ロンウ村の人は銃やナイフ等の武器を持って組織して、同徳県へシャラン村を挑発しに来たという。実際、上述したように、当日同徳県に行った46人は子供や老人を含む商人であり、大量の生産物をトラクターに載せて商売に出たことは事

実である。牧民としてナイフを身に付けていることは当然であり、混乱の中、殴り合いした行為も人として正当な防衛である。銃に関しては、当日男2人が持っていた銃2丁は偽物であったことはすでに明らかになっており、混乱の中でも、その偽銃を使わなかったことも明らかにしている。逆にシャラン村の500人強のうち誰も銃を持っていなかったことは誰も保証できない。したがって、一部の幹部が誣告したことについて詳しく調べ、公平に処罰していただきたい。

4. 当日、武装警察によって事件の悪化を防げたが、ロンウ村の43人の負傷者たちは警察本部に置かれ、23日から24日にかけて、病院に連れていかれず、食糧も与えられず、そのうえ身体検査を行った。特に16カ所も傷ついていたツェヤ等の4人を、指導者と殺人容疑者、そして銃の不法所有として逮捕した。上述したように、ロンウ村の46人は商売の他に何の目的もなかったため、指導者というものはあるわけがない。殺人容疑者とされたツェヤは当日、殴り合いが間もなく終わる時に現場に来たが、到着するとともに殴られて倒れたことはみな目撃していたため、片方の証言を信じて容疑者を確定すること自体がなりたたない。これに関してはスパのロタラマを主にして詳細に調べていただきたい。

5. 1998年7月24日、シャラン村の男全員がロンウ村の境界付近にやってきて朝7時から昼12時まで銃を乱射し、挑発した。境界付近でロンウ村の8世帯の家畜等の財産を略奪し、女性1人が負傷した。略奪したものを全て返し、負傷者の医療費を出させていただきたい。

6. 1999年10月10日、海南チベット族自治州と黄南チベット族自治州政府の意見により、ロンウ村とシャラン村の問題を解決するため、ロタラマに依頼し調停することが決定された。しかし、この後もシャラン村は我がロンウ村の家畜を盗み続けた。1999年10月16日、ヤク9頭を盗まれた。1999年10月23日、馬2頭を盗まれた。1999年10月26日、ヤク18頭が盗まれて同徳県に売られた。1999年11月6日、羊30頭が盗まれた。これら盗まれた家畜を持ち主に返していただきたい。

ロンウ3村より、2000年6月23日

◆資料編

資料28　スユ（調停書）

青海省、黄南チベット族自治州沢庫県、ニンシュウ郷ロンウ3村と青海省海南チベット族自治州同徳県、バスイ郷シャラン村の間における死傷と盗難事件の決定書

　1998年7月23日双方の間で1人が死亡し、数人が重傷を負い、そして盗難等の事件が起きた。双方の民衆と両州政府との協議によって、デチェン僧院のロタラマをスパとして解決するよう希望した。2000年6月17日から両州政府の指示の下、貴徳県で調停議論を行った。双方の県政府と郷政府の官僚と両村の代表それぞれ6人とスパがほぼ20日間議論し、双方に勧説した。海南チベット族自治州の副州長イムチェンジャと黄南チベット族自治州の副州長マネブンにも常に議論の内容を報告し、彼らは県と郷政府の官僚と相談してこれを支持した。双方の民衆にも団結の重大性と民族内部の損失について、とりわけレプコン内部の問題であることを説教した。双方の代表は互いに尊敬と譲歩の意を示し意見が一致することができた。スパが決定したもので双方の代表によって認められたものは以下のようである。

12）　シャラン村の死者1人に対してロンウ村はカンジュルのセット、六字真言1億回（紙に印字されたもの）、遺族に対して5万元、織物とお茶を渡して懺悔する。
13）　死者の家族は復讐したり、犯人を探ったりしないよう約束する。
14）　双方3人ずつの身体に障害を生じた者に対して、1人当たり4000元を賠償する。
15）　シャラン村の重傷者8人に対してロンウ村は1人当たり500元を賠償する。
16）　ロンウ村の重傷者11人に対してシャラン村は1人当たり500元を賠償する。
17）　双方の重傷者全てに対して双方が相手の医療費を負担する。
18）　シャラン村は事件当事者の所有物を全てロンウ村に返却する。また、紛失した物に対して価格通り現金で計算する。羊20頭は価格通り計算し、故障した5台のトラクターの修理代を賠償する。破壊され

た1台のトラクターに対して6000元を賠償する。

19) 調停議論を行う時、シャラン村の代表による報告に虚疑の疑いがあった。これに対して1万元をロンウ村に払って謝罪する。

20) ロンウ村はシャラン村の男を人質として誘拐したことに対して500元、そして人質とされた者の母親の死亡に対して、1億回の六字真言を渡して懺悔する。

21) シャラン村がウグ僧院とロンウ村に銃を乱射したことに対して、ロンウ村に1000元を賠償する。

22) ウグ僧院の利用地代は青海省政府の「52号文書」通り実施し、地代は政府に渡し、各集団や個人の干渉は禁止する。以上の規定の他、1999年10月12日にジョタクパ（停戦）を実施して以後の、盗難や略奪した家畜は全て返し、家畜が無い場合は現金で精算する。

また、1995年1月1日から双方が盗難や略奪した家畜は、代表双方が認めたものについては家畜または現金を返す。今回決定したことは、民衆の悪い習慣にならないよう注意し、スユの決定した内容を厳格に守り、今後とも双方の間に二度と紛争を起こさないよう努力する。今後、双方の民衆は共産党と政府の役人を尊重し、中国の特色ある社会主義建設のために努力し、共産党と国家から与えられた責任を常に背負い、民族団結と経済向上などの発展のため平和な社会を作り、長い団結を保つようにする。

スユの公開式の参加者：海南チベット族自治州の副州長イムチェンジャ、黄南チベット族自治州の副州長マネブン、沢庫県の副県長トンロ、公安局の副局長コド、ニンシュウ郷の書記カルブンジャ、同徳県人大の副主任ソバ、公安局の局長ツェリンジャ、バスイ郷の書記サンダクドルジェ。

スパの姓名：デチェンロタ、ゲデンロサン、ゲデントンドプ、ジャムヤンティプテン。

同徳県の民衆代表：チュチョジャ、トジャブン、タクブンジャ、ワソンジャ、ダパ、ロサン。

沢庫県の民衆代表：ドクタル、ドンタル、ツェハ、チュジャム、オジェン、ジェテン。

貴徳県にて2000年7月15日

索　引

ア

アミクル（a myes gur）…… 67-,107
アムド ……… 8,11,15-,21,25,42,46,138,
　　　　　　　　　　　　143,144,157
アムドチベット族 ………8,97,145,154
遺族 ……………………………………… 30
ウグ（bu dgu）寺院………… 64-,86,90
請負制（耕地の）……………………52,53
ウ・ツァン ………………………… 16,21
馬 ………………………………… 14,34,55
営地 …………………………………… 114-
越境 ………………… 37,78,134,138,156
男らしさ… 25-,31,70,97,140,142-,157

カ

改革・開放 ……… 51-,75,144,151,156
海南チベット族自治州 …… 94,107,133
夏営地 ……… 114,118,121,126,127,133-,
　　　　　　　　　　　　　　146,154
価値観 ………………………………… 10
家畜 …… 39,43,45,53,75,78-,82,88,
　　　　　　　　92-,102,132,138,141,154
カチョン（ska chung）…………… 41
学校教育 ………………………… 59-,75,158
合作社 ………………………………38-,43,74
割譲 …………………………………… 95,108
家庭（生産）請負制 …… 52,75,144,156
カム …………………………………… 16,21

灌漑 …………………………… 10,14,53,75
慣習（法）…………………… 10,12,27-,
　　　54,95,98,109,134,142,146-,155,157-
カンジュル …………… 103,130,131,135
漢族 ……………………………… 44,48,52,72
季節的移動 …………………………… 55
規範 …………………………………… 10
キュダ（'khyug bdag）…… 36-,55,
　　　　　　　　　　　　　　75,155
境界線 ……… 10-,53,75,78-,83,86,87,92,
　　　95,102,108-,122,124,134,145-,147,
　　　　　　　　　　　　150,154
行政村 …………………… 34,37-,41,53-,145
経典 …………………………………… 50
去勢 …………………………………… 57
緊急集会 …………………………… 124
緊張関係 …………………………… 88,138,154
グシハン …………………………… 16
グデ村 ……………………………… 19
計画出産 …………………………… 72-
刑事事件 …………………………… 146,150
刑事訴訟法 ………………………… 27,147,156
刑事罰 ………………………………… 31,107
刑法 ……… 10,27,107,134,150,156,158
血価 …………………………………… 27,103,109
ゲルク派 ………………………… 17,64,66,111
県政府 ……………………………… 53,59,87
現代刑法 …………… 27,28,31-,149,151,157

現代法	27,148,149,158
黄河	13
郷政府	52,87,116,124,126
交戦	92,93
好戦性	24-,31,139,143
高僧	27,96
強盗	122,140
黄南チベット族自治州	8,10,12-,15,18,42,43,70,94,107,108,133
互助組	42
国家（の）法律	29,150,151
ゴンコンマ村	20,71,78-,82-,87-,102,108,116,142,154

サ

裁定	95
サキャ派	16
殺人	17,27
サン（bsang）	67,69
ザング（tsan gi, 村長）	36-,40,55,56,79,155
三江源	8
寺院	43,49,64,66,76,88,90,96,144,146,155,156
ジェノサイド	11,74,109,145,155
死者	20,31,79,87,93-,103,127,138,147
市場経済	158
死傷者	10,82,91,117,121,127,154
自然村	34,116
死体	90,92
自治州	53,63,93,145
シャラン村	115-,121-,127,131-,154
シャルラマ	35-,76,97-,100,103,111,152
銃	84,90,92-,110-,140
宗教改革	11,46,47,74,144
宗教指導者	43,48,155
宗教的影響力	147
宗教的活動	40,50,57,64,67
宗教的権威	149,150,151,157
銃撃戦	10,82,84,87-,108,117,121,138
銃弾	94,111
集団化	52,155
集落	30,34
集落共同体	34,42,138,156,158
集落連合	34,82,109,138,154
少数民族	28,44,48,51,59,63,72,146,150,158
ジョタクパ（gyod btags pa, 停戦）	99
ジョディ（gyod 'dri, 仲裁）	97
所有権	127,134,146
人民公社	37,43,45,52,74,116,145
スジェ（gzu gros, 調停相談）	100-,128
スシェパ（gzu bshad pa, 調停議論）	100-
スタクパ（gzu btags pa,〈調停相談の〉一時停止）	100-
スパ（gzu pa, 調停者）	73,96-,109,128,134,151

スユ（gzu yig，調停書）……… 97,100,
　　　　　　　　　　103-,107,128,130
青海省（政府）…… 8,10,12,63,79,81,94,
　　　　　　　　　　108,131,145
政協委員 ……………………………… 98
政教一致 …………………………16,30,63
生産責任制（生産請負制）……51-,146
生産隊 ………………………………… 52
生態移民 ………………… 19,55,150,158
西北地域 …………………………… 59,76
沢庫県（政府）…… 8,14,34,42,45,50,54,
　　　　　　　　　　58,68,72,131
セルチェン（gser chen）……………… 41
セルロン（gser lung）………………… 41
セルワン（gser bang）……………… 40,71
千戸 ……………………………… 16,116
ゾ ……………………………………… 14
僧侶 ………………… 44,46,47,49,65,66,110
ゾモ …………………………………… 14
村長（「ホンポ」も見よ）… 96,110,142

タ

退耕還林 ……………………………… 19
退牧還草 ………………………… 55,150,158
大躍進 …………………………… 46,155
対立感情 ……………………………… 83
ダカル（sbra dkar）……………… 36,38
ダナク（sbra nag）…………………… 36
ダライラマ …………………………… 17
タンゴ鎮 ……………………………… 11
地域住民 …………………………… 10,32

地域紛争 … 10,19,31,98,108,150,154,157
地域蜂起 …………… 11,46,74,79,144,145
チベット族 ……… 8,10,14,21,28,57,63,
　　　　　　　　　　90,97,139,142
チベット文化 ………………………… 76
地方政権 ……………………………… 42
地方政府 ………………… 10,30,54,151,158
チャン（羌）族 ……………………… 15
中央政府 ………………………52,60,88,145
中国共産党 …… 18,29,37,46,51,74,155,
　　　　　　　　　　156,158
中国国民党 …………………………… 17
中国人民解放軍 …………… 43,74,144,155
調停 ……… 30,96-,99,117,127,128,147,
　　　　　　　　　　150,157
調停書→スユ
長老（会）………37,72,73,75,96,138,142,
　　　　　　　　　　146,149,155
鎮圧 ………………… 11,43,44,74,79,155
ツェタル（tshe thar, 放生）……… 139
ツェディリ（rtse 'dus ri）聖山 … 69
ツォワ（tsho pa，氏族）…………… 36
ツォンカ ……………………………… 16
敵対 ………………… 81,108,115,117,121
撤兵 ………………………………… 100
デワ（sde ba，集落）……………… 36
伝統社会 …………………………… 146
伝統的組織 ……………………… 54,151
冬営地 ……………………………… 57,115
当事者 ………………………………… 99
同仁県 …………………………… 13,42,111

冬虫夏草 ……… 14,39,57,75,84-,154	仏教の理念 ……… 96,100,110,139
同徳県 ……… 11,64,74,79,107,116,124,	紛争解決 ……… 25
126,131	平和 ……… 26,138-,157
盗難 ……… 93	平和性 ……… 24
屠殺 ……… 57,92,93	暴行 ……… 17
吐蕃 ……… 15	報告書 ……… 91,102
吐谷渾 ……… 15,21	法制社会 ……… 29
トン（stong、賠償）……… 93,127	法の二重（支配）構造 ……… 28,149,158
	放牧 ……… 37,57,79,89,99,134
ナ	放牧地 ……32,34,38,40,41,55,75,79,80,83,
殴り合い ……… 82,122,125	86,108,109,115,116,138,144,149-,
ナンソ（政権）……… 16,17,34,42,111	154,155
ナントン（nang stong、内部補償）	暴力 ……… 10,24,25,82,108,109,117,121,
……… 94	134,139,142,145,154
ニキャ（mi skya）……… 36,37,41	牧草地 ……… 10,24,34,39,53,54,82,94,99,
ニンシュウ郷 ……… 34,38,40,41,53,124	109,115,154,155
	牧畜 ……… 14
ハ	ホジョル（h'o cor）……… 40
賠償（「トン」も見よ）……… 27,30,31,	ホンポ（dpon po、村長）……… 37,114,
101-,123,140,146,148,150,151	138,157
馬一族 ……… 17,22,116	
バスイ郷 ……… 12,112,118,135	**マ**
罰金 ……… 86	マクダ（dmag brda、緊急集合）
羊 ……… 14,34,55,56,114	……… 84
百戸 ……… 36	万戸 ……… 16,17
フィールドワーク ……… 11,25,28,32	民間教育 ……… 40
武器 ……… 92	民間組織 ……… 151
復讐 ……… 92,142	民間調停 ……… 147
侮辱 ……… 88-,102	民事事件 ……… 146,147
武装蜂起 ……… 74,110,144	民主改革 ……… 18,37,68,79,151,155,156
仏教 ……… 30,51,143,157,158	民族居住区 ……… 8

村社会 …………………… 37,74,144
命価 ……………… 27,80,103,109
モンゴル ……………………… 16

ヤ

ヤク ………… 14,34,39,55,56,89,114
山神 ……………………… 67,70
有刺鉄線 …………………… 56,83
遊牧 ………………………… 21
遊牧（民）地域 ……… 13,25,27,34,114
要望書 ……………………… 121

ラ

ラマ …… 65,67,91,96-,110,111,112,146,
149,150,157
略奪 ………17,82,88,138,140,141,143
流血事件 …………………… 84
両少一寛 ………………… 146,150
両免一補 …………………… 60
レプコン（reb skong）………… 15,34,
42,101,111
ロンウ河 …………………… 13
ロンウ大僧院 ……… 43,46,64,76,98,103,
111,150
ロンウ村 ……… 10,11,20,34-,42-,54-,
78-,90-,101,102,108,120-,127,131-,
144-,154-

プロフィール
旦却加 འདན་ཆོས་སྐྱབས། （デンチョクジャブ）
1987年中国青海省黄南チベット族自治州同仁県生まれ。
2010年青海民族大学外国語学院日本語学科卒業。
2018年滋賀県立大学大学院人間文化学研究科博士課程修了。
現在、青海民族大学民族学と社会学学院講師。
訳書に『喜马拉雅藏族社会家庭与婚姻研究』（青海人民出版社）がある。
専攻：文化人類学、チベット学
E-mail：danquejia@aliyun.com

紛争と調停の人類学
——青海チベット牧民の事例から——
青海民族大学民族学博士点建設文庫

2019年12月10日　初版第1刷発行
著　　者　旦却加 འདན་ཆོས་སྐྱབས།
発行所　株式会社はる書房
　　　　〒101-0051　東京都千代田区神田神保町1-44 駿河台ビル
　　　　Tel. 03-3293-8549/Fax. 03-3293-8558
　　　　http://www.harushobo.jp/
　　　　郵便振替　00110-6-33327
組　　版　有限会社シナプス（三宅秀典）
印刷・製本　株式会社エーヴィスシステムズ

落丁・乱丁本はお取り替えいたします
©Danquejia, Printed in Japan 2019
ISBN978-4-89984-188-3